Paris
1844

Cantagrel, François Jean-Félix

es Enfants au Phalanstère, dialogue familier sur l'éducation

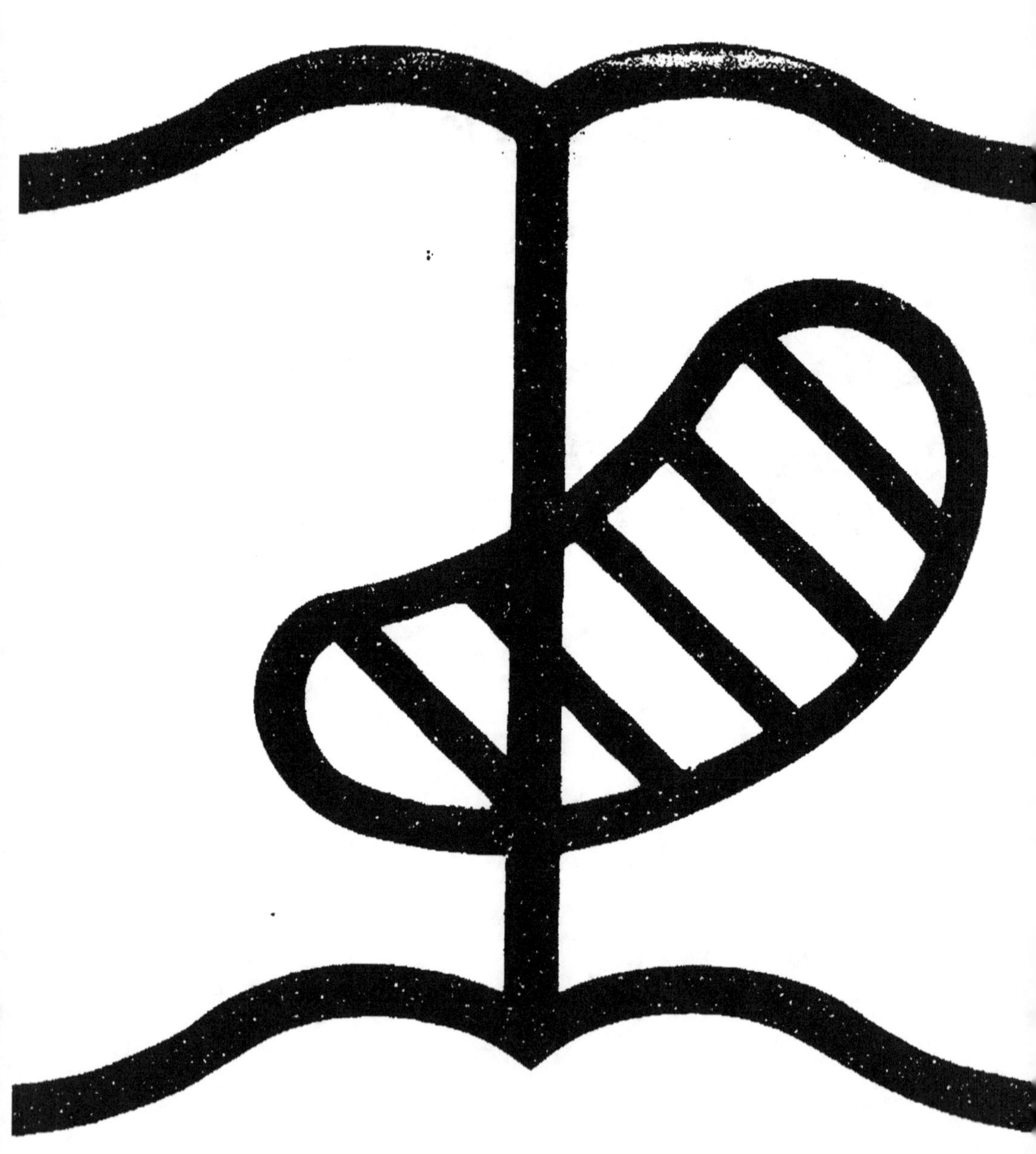

Symbole applicable
pour tout ou partie

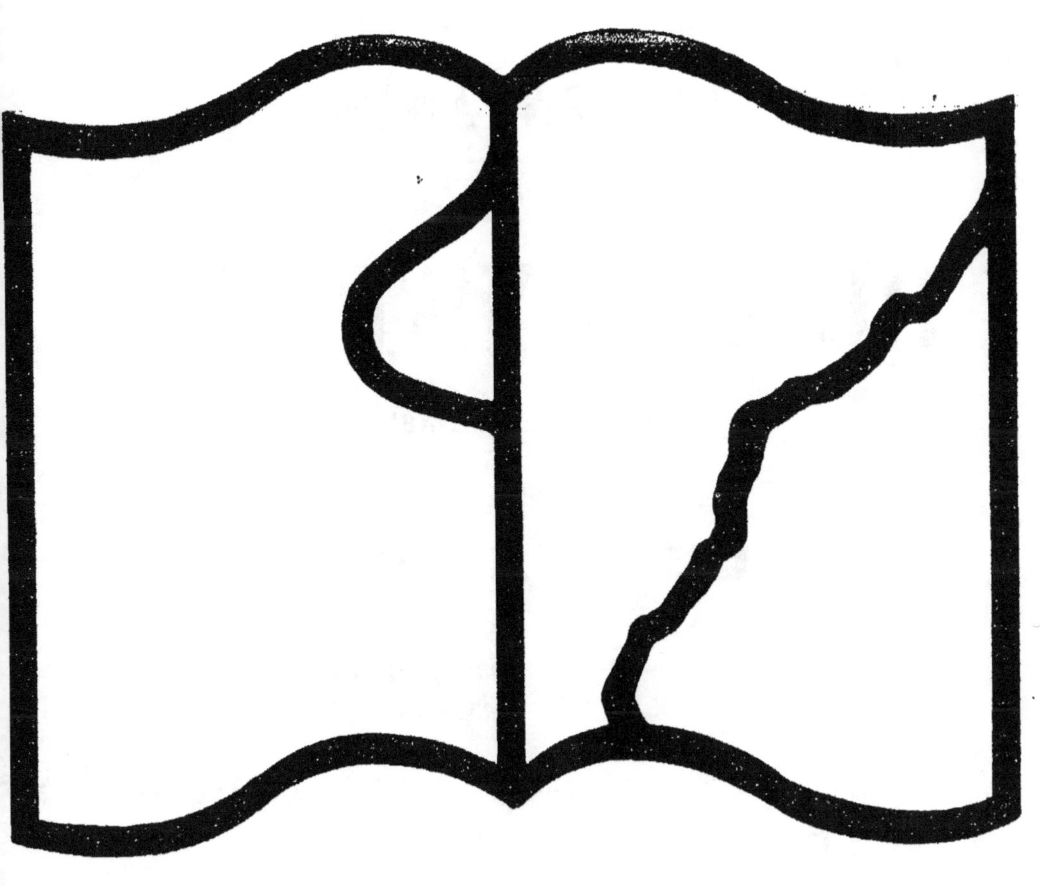

**Symbole applicable
pour tout, ou partie
des documents microfilmés**

Texte détérioré — reliure défectueuse

NF Z 43-120-11

LES ENFANTS

AU

PHALANSTÈRE

DIALOGUE FAMILIER

SUR

L'ÉDUCATION

Sinite parvulos ad me venire...
(ÉVANGILE SELON SAINT MATHIEU.)

2ᵉ ÉDITION.

PRIX : 40 CENTIMES

PARIS

A LA LIBRAIRIE SOCIÉTAIRE

RUE DE SEINE, Nº 10

DANS LES DÉPARTEMENTS

Chez les dépositaires du Comptoir central de la Librairie

1846

LES ENFANTS

AU

PHALANSTÈRE

DIALOGUE FAMILIER

SUR

L'ÉDUCATION.

Sinite parvulos ad me venire....
(ÉVANGILE SELON SAINT MATHIEU)

2ᵉ ÉDITION.

PARIS
A LA LIBRAIRIE SOCIÉTAIRE,
AUX BUREAUX DE LA DÉMOCRATIE PACIFIQUE,
Rue de Seine, 10,
Et dans les Dépôts du Comptoir central de la Librairie.
—
1846.

Imprimerie de E. DUVERGER, rue de Verneuil, n. 4.

TABLE DES MATIÈRES.

AVERTISSEMENT.

Il est peu de ménages où l'on n'entende les enfants pleurer du matin au soir : la belle-mère dit que c'est la faute de la bru; les parents et les amis, que c'est la faute de l'enfant; les indifférents font cette réflexion consolante, que dans un âge plus avancé se rencontreront sans cesse des causes plus sérieuses de douleur. Entre-temps la mère et l'enfant se consolent dans un tendre embrassement; la joie et les rires reparaissent sur toutes les figures... Quelques moments après, nouvelles larmes....

A qui faut-il donner raison ou tort? Il faut donner d'abord raison aux petits enfants, et ensuite tort aux grandes personnes. Qui se prétend raisonnable? Ce sont ces grandes personnes; et elles sont là autour des enfants, se remuant, s'agitant, sans pouvoir deviner la cause de ces pleurs ;—bien plus, trop souvent elles-mêmes font verser ces innocentes larmes par leur ignorance, leurs brusqueries, leurs fantaisies; elles ont la prétention de régler à leur guise les goûts de ces enfants, et leurs pas, et leurs paroles, et leurs gestes....

Mais non, ce n'est pas encore aux parents et amis qu'il faut s'en prendre; ils font hélas! ce qu'ils peuvent, ils font ce qu'on leur a enseigné, et ce n'est pas leur faute s'ils ne réussissent pas mieux. Il faut s'en prendre à tous ces philosophes, à tous ces augustes docteurs, qui ont la prétention de tout régenter et qui ne savent rien ; ils croient avoir pénétré les secrets de la nature, et depuis des siècles que grands et petits vivent dans les pleurs, ils n'ont pas su tarir une seule larme ; et, bien souvent, leur fausse sagesse a mêlé le sang aux larmes de la pauvre espèce humaine.

Oh ! leur orgueil peut se révolter : est-ce que nous nous occupons de ces marmots, répondront-ils avec hauteur ? de tels soins sont indignes de nous ; nous ne nous abaissons pas à des détails si bas....

Et vous faites bien ; la mère la moins intelligente en sait plus là-dessus que tous vos présomptueux systèmes ; mais votre tort, votre tort inexcusable est de préconiser un ordre social si faux, si mal construit, que les meilleurs désirs de la mère ne peuvent réussir à rien, les meilleurs instincts de l'enfant ne peuvent s'épanouir, et que tout va à chaque instant au rebours de la nature et des lois divines.

Tout est lié dans la nature, et si votre ordre social engendre le mal et des souffrances infinies pour les hommes et pour les femmes de tous les rangs et de toutes les conditions, il est tout simple qu'il produise un résultat tout aussi désastreux à l'égard des enfants. Et voyez-les, ces enfants, je ne parle même pas des enfants pauvres, je ne parle que des enfants riches ou aisés; voyez ces bambins emprisonnés, contraints, torturés dans leurs mouvements instinctifs. Ne s'en trouve-t-il qu'un seul dans une famille? Il est accablé de caresses assassines, de soins idolâtres et mortels; constamment privé de la vue, de la compagnie d'autres enfants, il n'a autour de lui que des visages très souriants, soit; mais dont le sourire n'est pas souvent assez jeune pour le satisfaire. Est-il de spectacle plus touchant que celui que le hasard nous offre quelquefois, celui d'un jeune enfant qui peut voir, toucher, embrasser un autre enfant de son âge? il y a là pour lui un moment de bonheur que toutes les caresses des parents (hors celles de la mère) ne valent pas.

Se trouve-t-il, au contraire, dans une même famille plusieurs frères et sœurs, la différence des goûts et des caractères, et bien souvent les préférences injustes des parents, excitent sans cesse des querelles et des chamailleries interminables.

Faut-il donc séparer ces enfants? Non ; mais il faut leur donner une plus grande liberté, c'est-à-dire les placer dans une réunion enfantine plus nombreuse, où ils puissent se développer plus librement, et se choisir d'après les accords et les contrastes de leurs caractères.

Relations trop restreintes de l'enfant dans le cercle étroit de ses parents ou de ses frères et sœurs, et par suite compression, étouffement de ses instincts, voilà l'écueil contre lequel se heurte ou échoue sans cesse l'éducation du bas âge, sans qu'on en soit encore venu à le comprendre.

Le dialogue suivant contient le développement de cette idée, appliquée à l'éducation de la basse enfance, et par suite à celle de l'adolescence.

Il est extrait d'un ouvrage publié en 1841, par M. F. Cantagrel, sous ce titre le *Fou du Palais-Royal*, et dans lequel l'auteur a exposé, sous la forme variée du dialogue, les points les plus importants de la théorie sociétaire de FOURIER.

Quelques-uns des mots dont se sert l'auteur étant, ou nouveaux ou employés dans un sens tout spécial, il est nécessaire de donner quelques définitions.

On peut savoir que Fourier a formulé scientifiquement la loi des conditions d'après lesquelles doit s'établir l'Association des hommes entre eux : c'est l'ensemble des vues de Fourier que nous appelons la *Théorie sociétaire*.

En parcourant l'histoire du passé, Fourier a discerné dans les diverses situations où l'humanité s'est trouvée placée tour à tour, des phases qu'il était facile de distinguer par des traits particuliers : ce sont la Sauvagerie, le Patriarcat et la Barbarie. Il y a en outre une quatrième période à laquelle l'Europe, particulièrement, est parvenue aujourd'hui : c'est la *Civilisation*.

Dans les écrits de Fourier et dans le dialogue suivant, ce mot *Civilisation* n'est donc pas, le plus souvent, employé dans sa signification ordinaire qui indique vaguement l'état général de culture intellectuelle et morale d'un peuple; il a une signification plus restreinte et plus précise; il n'indique qu'une période spéciale, une des stations de la marche de l'Humanité.

De même que, dans le passé, Fourier avait distingué plusieurs périodes successives, il en prévoit aussi dans l'Avenir : la plus avancée de toutes, la plus belle, la plus riche, la plus heureuse, il l'appelle *Harmonie*, voulant indiquer par là l'accord qui existera alors entre tous les habitants du globe, et l'obéissance de ceux-ci aux lois du Créateur. *Harmonien* — veut dire l'homme des âges *d'harmonie*.

Tous les jours, dans la société actuelle, on désigne par les mots de *sauvage*, *barbare*, les hommes qui vivent ou ont vécu dans les périodes de sauvagerie et de barbarie, évidemment inférieures à la période de *civilisation*. Qu'on ne soit donc pas choqué, telle est notre prière, si quelquefois nous appliquons avec une légère nuance de dédain, le nom de *civilisé* aux hommes vivant dans la *civilisation*; c'est que nous entrevoyons des périodes supérieures à cette *Civilisation*; et, bien certainement nos descendants, quand ils seront sortis du gouffre de misères, de fourberies et de désolations où nous nous agitons, parleront des *civilisés* avec bien plus de commisération que nous ne faisons des barbares et des sauvages.

Le *Phalanstère* est le bâtiment unitaire où demeure la population de la commune associée; et, par extension, nous donnons encore le nom de *Phalanstère* à l'ensemble des bâtiments, des terres, des cultures, des travaux et du train général d'activité de cette *commune associée*, qui est l'antipode de la commune divisée, *morcelée*, telle qu'elle existe maintenant.

La *Phalange* est l'ensemble de la population qui habite la commune associée.

Nous appelons *Phalanstérien*, l'habitant du phalanstère, de même qu'aujourd'hui on appelle *citadin* l'habitant de la *cité*, et *villageois* celui du *village*.

Comme il n'existe pas encore de phalanstères, on donne aussi le nom de *Phalanstériens*, et nous acceptons provisoirement cette qualification, à ceux qui, après avoir étudié et compris la science sociale découverte par Fourier, croient et espèrent que la terre finira par se couvrir de phalanstères, où règneront la paix, la richesse, le bonheur et l'accord religieux de la créature avec ses semblables et avec le Créateur, et qui, par leurs travaux, s'efforcent de rapprocher l'époque de cet avènement de l'Humanité à sa destinée vraie.

Ces explications nous semblent suffisantes pour permettre de lire sans difficulté les pages qui suivent : nous les recommandons à l'attention de toutes les mères de famille.

LES ENFANTS AU PHALANSTÈRE.

INTERLOCUTEURS :

LA MÈRE,
DEUX PETITS ENFANTS,
LE MARI,
X, le Phalanstérien,
MOI, ami de X : c'est MOI qui rend
    compte du dialogue.

I.

a porte s'ouvrit et nous laissa voir le maître de la maison qui nous accueillit avec cordialité, mais non sans s'excuser sur les cris de son plus jeune, qui retentissaient dans tout l'appartement.

— Mon ami, dit notre hôte, je sais que vous affectionnez les enfants ; je suppose que monsieur ne les hait pas...; donc ayez la bonté de vous boucher les oreilles, et permettez-moi, messieurs, de vous présenter à ma femme. — Vous nous négligez terriblement, mon cher ; ma femme s'en plaint.

X. Elle est trop bonne, en vérité ; mais pourquoi ne vous voit-on nulle part ?

— Ah ! mon ami, quand on a des enfants à élever...

X. Oui, oui, je comprends...

Nous fûmes introduits dans une pièce où se trouvaient déjà sept personnes : deux jeunes enfants jouant sur un canapé, un plus jeune criant sur les genoux de sa mère, autour de laquelle trois autres femmes, la nourrice, la femme de chambre et la cuisinière, faisaient d'inutiles efforts pour apaiser le pauvre enfant.

Après les compliments d'usage, on nous offrit des sièges.

— Tu vois, me dit **X** à demi-voix, en s'asseyant près de moi; tu vois ici un des mille exemples des mauvaises combinaisons sociales. Quatre femmes après un enfant ! C'est triste !

— Que dites-vous ? demanda le mari.

X. Je dis, mon ami, qu'avec tout votre bonheur vous êtes bien malheureux ; je dis que si vous avez les douceurs de la paternité, vous en avez aussi les inconvénients, et j'ajoute que cet enfant en souffre autant que vous.

La mère. Oh ! monsieur, les soins qu'exige un enfant ont bien leur charme.

X. J'en conviens, madame ; mais avouez que ces soins auraient plus de charme encore, s'ils n'étaient pas accompagnés de soucis.

Le mari. C'est vrai ; mais comment faire ?

X. Aaah ! comment faire ?... Il faut faire...

Le mari. Je vous entends ; il faut faire un Phalanstère.

X. Sans doute ; car là vous éprouveriez, à surveiller, à élever votre enfant, un bonheur sans mélange ; et, de son côté, le petit bonhomme serait bien plus heureux dans les *Séristères*, et il ne s'exténuerait pas à criailler comme il le fait, au grand préjudice de ses organes et de sa santé.

Le mari. Ce qu'il y a de terrible, c'est qu'on ignore la cause de ces cris.

X. Sans doute. Dans les *Séristères* on la connaîtrait tout de suite.

L'enfant sembla approuver cette manière de voir par des cris encore plus perçants.

Le mari. Qu'entendez-vous par *Séristère ?*

X. Fourier nomme Séristère, en général, le local affecté aux travaux d'une série ou corporation industrielle, l'atelier commun d'une Série. Au Phalanstère, ce petit diablotin-là serait bien tranquille et bien à son aise, au milieu des marmots de son âge, dans le Séristère des enfants.

La mère (*vivement*). Ah ! monsieur, je ne voudrais pas me séparer de mon fils.

X. Laissez-moi croire, madame, que si vous étiez certaine que votre fils fût mieux élevé ailleurs que chez vous, et par d'autres que vous, vous trouveriez la force de vous séparer de lui ; car vous l'aimez pour lui, sans doute, et non pour vous... Mais, madame, on ne demande pas même que vous le perdiez de vue ; permis à vous de le voir à tout instant, et même de l'emmener dans votre chambre, si cela vous convient. Mais vous vous garderiez bien de le faire, si vous voyiez que cela nuisît au bien-être de l'enfant. Au Phalanstère, tous les établissements, tous les logements, bien que séparés, ont l'avantage de communiquer entre eux par la Rue-galerie, principale artère qui circule dans tout l'édifice et va porter le mouvement et la vie du centre aux extrémités, comme les artères dans le corps humain. Quoique étant dans les Séristeres, votre enfant est donc par le fait chez vous, et cependant vous évitez les désagréments, les inconvénients de l'éducation à domicile.

La mère. Et si j'ai du goût pour les travaux d'éducation ?

X. Alors vous ferez l'éducation de votre enfant en même temps que celle des autres, si toutefois cela vous convient ; mais, dans tous les cas, vous n'éprouverez, ni les tourments, ni les inquiétudes de la maternité.

La mère. Ce serait un très beau résultat ; mais, pour l'apprécier, il faudrait que je connusse la disposition de vos Phalanstères.

X. Mon Dieu ! madame, si je ne craignais de passer pour un pédant, je vous offrirais de vous en donner un aperçu.

La mère. Comment donc, monsieur ! mais au contraire. Un établissement où les enfants seraient, dites-vous, si heureux, si bien élevés ! Je voudrais en avoir une idée... D'ailleurs, le peu que m'en a dit mon mari m'a donné le désir d'en connaître davantage. Je sais que vous voulez rendre le travail attrayant, et que depuis le vieillard jusqu'à l'enfant, vous prétendez rendre tout le monde heureux. Dieu veuille que cela soit possible !... Mon pauvre petit ! ajouta-t-elle en embrassant avec effusion son enfant, dont cette étreinte fit redoubler les cris.—Tenez, Joséphine, dit-elle à la nourrice, emportez-le, et tâchez de l'endormir... voici à peu près l'heure... Je vous écoute, monsieur.

X. En vérité, madame, je ne sais par où commencer.

Le mari. Oh ! vous pouvez aller sans crainte. Nous sommes un peu au courant.

X. Le Phalanstère, ou habitation de la Phalange, n'est pas autre chose qu'un palais convenablement et commodément distribué que nous substituons aux masures, aux échopes, aux chaumières qui composent aujourd'hui nos villages. Or, la Phalange étant la réunion d'environ 400 familles, ou 1800 individus inégaux en âge, penchants, fortune, etc., associés librement (suivant les trois facultés productives, *Capital, Travail et Talent*), pour tous les travaux de culture, fabrique, ménage, éducation, etc., il faut absolument que le Phalanstère réponde, par sa disposition, aux diverses aptitudes industrielles, aux divers besoins sensitifs, animiques et intellectuels, aux diverses exigences passionnelles qui se manifesteront au sein d'une pareille association. En un mot la distribution du palais sociétaire doit être appropriée aux différents ordres de ces aptitudes, de ces besoins, de ces exigences. Partant, pour poser en bons termes le programme du Phalanstère, il faut d'abord savoir quels faits s'y passeront, quelles tendances vont s'y développer ; il faut donc posséder à fond la connaissance de la Science sociale.

LE MARI. Passez là-dessus.

X. Oui, je néglige ces généralités pour arriver à la description que vous attendez. Représentez-vous donc un vaste édifice divisé en ailes, avec cours intérieures et galeries de communication ouvertes en été, fermées et chauffées en hiver. — Imaginez d'abord deux grandes divisions : l'une pour les ateliers bruyants, relégués dans une des ailes, l'autre pour les travaux tranquilles, distribués dans le reste de l'édifice, en tenant compte des exigences passionnelles, industrielles et sociales que je viens de vous faire entrevoir. Supposez maintenant qu'au centre soient les grandes sallesde réunion pour la Phalange entière, telles que la Bourse, la Bibliothèque, le Musée, les Réfectoires, la Tour d'ordre, avec beffroi, horloge et télégraphe ; enfin les appartements, magasins et bureaux de la Régence, ou Conseil élu pour administrer unitairement la Commune sociétaire. Placez aux différents étages, et entremêlez méthodiquement les Séristères et les logements de toutes les grandeurs, de tous les prix, de tous les goûts, autant, afin d'éviter la classification actuelle de nos villes en *quartier riche* et *quartier pauvre*, qu'afin de faciliter le jeu libre, l'engrenage régulier des Séries industrielles ; qu'en face de ce palais, de l'autre côté de la grande route et à une distance convenable, soient établis les bâtiments ruraux...

La **mère**. Il me semble que vous oubliez l'église.

X. Non pas, s'il vous plaît ; je n'oublie ni le temple ni le théâtre : le temple pour y chanter des hymnes à Dieu, le théâtre pour y former des hommes dignes de connaître et d'adorer l'éternel Auteur des choses.

Mais venons à l'éducation. Vous pouvez concevoir que, dans un ordre de choses où les Groupes de travailleurs se formeront librement, spontanément, où chacun pourra se livrer aux travaux pour lesquels il aura du goût, et ne se livrer qu'à ceux-là, il doit se manifester un nombre de vocations et d'aptitudes justement en rapport avec nos besoins, — qui pour la cuisine, qui pour la couture, qui pour l'administration, qui pour les sciences, qui pour les arts, qui pour les différentes fonctions de l'agriculture et de l'industrie, qui enfin pour les soins à donner aux petits enfants ; car Dieu a fortement chevillé l'amour des enfants au cœur de certaines femmes, et ces femmes s'acquitteront passionnément de leur tâche de prédilection, — aux grands applaudissements de la Phalange qui voit dans ces rejetons chéris l'avenir et l'espoir de ses succès futurs, de la Phalange qui ne manquera pas d'honorer tous ceux qui se livreront à l'éducation, Nourrices, Bonnes, Instituteurs, et de les rétribuer aussi richement qu'ils le sont peu aujourd'hui. — Non-seulement les Bonnes, les Nourrices se livreront à leur passion pour les enfants en général, mais encore elles s'attacheront aux enfants dont le naturel leur conviendra, les unes aux enfants tranquilles, les autres aux petits mutins. Comprenez-vous, madame, comment, les divers enfants de la Phalange étant élevés en groupes, dans des salles bien saines, chauffées à point, constamment visitées par des médecins intéressés à la conservation de la santé de ces petits êtres, il sera impossible que votre fils ne trouve pas exactement la Bonne qui lui conviendra, celle qui devinera ses besoins, qui saura l'élever, qui adoptera le vôtre de préférence à tout autre; tandis qu'aujourd'hui, le hazard et la nécessité étant les seuls guides du choix des Nourrices et des Bonnes, la sollicitude maternelle la plus active ne peut manquer d'être souvent en défaut?

Une Bonne qui a du goût pour son état peut fort bien suffire à plusieurs enfants à la fois; et Dieu a eu raison sans doute de vouloir qu'il en fût ainsi; car si à tous les enfants il fallait trois ou quatre personnes comme au vôtre, la moitié de la population ne suffirait pas à élever l'autre; quel temps lui resterait-il donc pour se livrer aux autres travaux?

La mère. Monsieur, vous trouverez peut-être que c'est de l'égoïsme, mais je voudrais pouvoir élever mes enfants moi-même, moi toute seule.

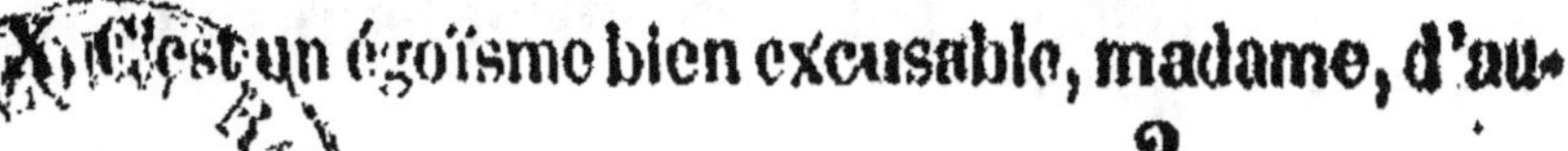

X. C'est un égoïsme bien excusable, madame, d'autant plus excusable qu'aujourd'hui vous n'avez aucun moyen de vous rejeter sur une autre occupation. Mais avec tout votre désir, tout votre discernement, avec toute votre bonne volonté, êtes-vous bien sûre de posséder toutes les connaissances et de pouvoir disposer de tous les objets nécessaires pour bien remplir une tâche si difficile?

La mère. Eh! monsieur, c'est mon insuffisance qui fait mon tourment.

X. Eh bien! si vous, madame, qui réunissez tant de qualités sous ce rapport et sous d'autres, vous reconnaissez qu'il vous en manque encore, si vous avouez que, malgré toute votre vigilance empressée et attentive, vos enfants ne peuvent être complètement bien élevés chez vous, par vous, que sera-ce donc d'une multitude de femmes qui, n'ayant reçu de Dieu ni vocation ni aptitude pour ces fonctions, trouvent non-seulement difficile, mais insupportable, l'éducation de leur propre enfant, ou à qui la société a refusé les moyens et le loisir que votre fortune vous met à même de consacrer à cette occupation? Cependant notre Ordre social exige chez toutes les femmes les mêmes aptitudes, et les aptitudes les plus diverses, les plus contraires. Qu'en résulte-t-il? C'est que le ménage va comme il peut, que l'éducation des enfants est mal faite, et que les femmes déjà fort esclaves sous d'autres rapports, éprouvent, grâce à la complication et à la multiplicité des travaux de ménage, une sujétion que toutes n'ont pas la force ou la patience de supporter.

La mère. Il y a là un grand mal, sans doute; mais c'est aux femmes prudentes et sages de le faire disparaître, en accomplissant saintement leurs devoirs d'épouses et de mères.

X. Eh ! madame, sont-elles toujours maîtresses de les accomplir ? Certes, je suis loin de vouloir m'élever contre le respect que l'on doit aux devoirs ! Mais pourtant, bon nombre de ces devoirs ne seraient-ils point de pure convention ? Ne jugez pas des autres femmes par vous, madame, ni des autres ménages par le vôtre. Le vôtre est un cas tout exceptionnel. Vous aimez à rester chez vous, votre mari partage vos goûts à cet égard ; la plus grande paix règne dans votre intérieur ; vos enfants n'ont donc que d'excellents exemples devant les yeux. Votre mari et vous, madame, vous aimez naturellement les soins qu'exige l'éducation de vos enfants ; n'ayant de goûts de dissipation ni l'un ni l'autre, vous vous consacrez exclusivement à ces soins, et rien de tout cela ne vous paraît pénible. En un mot, vous vous trouvez dans les conditions les plus favorables. Mais transportez-vous dans ces maisons où le mari et la femme, absolument dépourvus du goût et des talents que vous possédez, ne peuvent s'entendre sur le mode d'éducation à adopter, et encore moins sur l'exécution ; allez dans ces ménages où les époux se querellent sans cesse à l'occasion des enfants qui, alors, au lieu de resserer le lien conjugal, deviennent au contraire un sujet perpétuel de discordes ; essayez de pénétrer dans ces familles où l'on ne rencontre que mœurs dépravées et paroles grossières ; et voyez quels exemples sont donnés, quels principes sont inculqués à ces pauvres petits ! On dit et on répète que l'instituteur naturel de l'enfant, c'est la mère, que les soins de l'éducation, de la première éducation surtout, sont pour la mère un devoir sacré, un devoir dicté par la nature ; mais si la mère n'a ni le caractère, ni la santé, ni les talents nécessaires, que devient, je vous le demande, cette idée de Devoir, qui est sans doute une très belle chose en théorie, mais dont la pratique laisse d'autant plus à désirer que le devoir s'éloigne davantage des aptitudes et s'accommode moins avec l'organisation des individus à qui on l'impose ?....

Supposez, en effet, qu'un enfant doué d'un grand génie naisse de parents pauvres ou ignorants ; comment élèveront-ils cet enfant ? La buse pesante et stupide comprend-elle rien au vol audacieux de l'aigle ? Avec la meilleure volonté possible d'accomplir leurs devoirs, que feront en pareils cas des parents bornés ? Ils traiteront d'absurdités, de folies, les tendances les plus élevées, les plus sublimes ; ils feront avorter ce génie à sa naissance. Si maintenant vous considérez ce que peuvent devenir aujourd'hui ces malheureux enfants, à qui la mort vient enlever leur père ou leur mère, quelquefois tous les deux, et ceux, hélas ! qui ne savent jamais à qui ils doivent le jour, — infortunées créatures, vouées au malheur, à la corruption, au crime, et dont la Société ne daigne s'occuper que lorsqu'il s'agit de les flétrir, de les punir des suites inévitables de leur misère, de leur délaissement, de leur infortune ; — si vous réfléchissez qu'une foule de ménages, loin de pouvoir subvenir à l'éducation de leurs enfants, n'ont pas même à leur fournir le pain quotidien, — votre cœur autant que votre intelligence vous convaincra, madame, que Dieu n'a pu vouloir l'éducation des enfants au sein du ménage tel qu'il est aujourd'hui constitué, puisque ce mode offre le moins de chances heureuses et le plus d'inconvénients pour les parents et pour les enfants, et que, tout en étant très onéreux, il ne présente aucune garantie à la Société ni aux individus.

LA MÈRE. Il est vrai que le sort des enfants pauvres est bien précaire. Mais n'y a-t-il pas les salles d'asile ? n'y a-t-il pas d'autres établissements encore ?

X. Oui, madame, ce sont des améliorations partielles qu'il importe d'encourager, tant que nous croupirons dans le Régime morcelé ; mais combien ces palliatifs sont insuffisants, impuissants !

LA MÈRE. Pardon, messieurs, je vais voir si mon fils dort ; je suis à vous... Ne continuez pas sans moi, je vous en prie.

LE MARI. Tout cela est fort bien, mais les riches vous diront : Que m'importent les enfants des autres, pourvu que les miens soient bien élevés ?

X. Je répondrai à ces riches-là : Vous êtes stupides et dupes comme tous les égoïstes ; car je nie que vos enfants puissent être bien élevés; et d'ailleurs ne souffriront-ils pas, toute leur vie, de la mauvaise éducation, de la grossièreté des autres ?

LA MÈRE (revenant). Il dort, messieurs, il dort d'un profond sommeil... Eh bien ! monsieur, poursuivez ; ce que vous me dites est si plein d'intérêt, si nouveau pour moi !... Poursuivez, je vous prie.

X. Volontiers, madame...
Trois conditions essentielles doivent être observées en Education : 1° le développement des sens, 2° le développement des caractères et des vocations, 3° le développement intellectuel...
Vous allez vous convaincre, madame, que les méthodes usitées, disons mieux, les moyens auxquels est réduite la Civilisation, loin de satisfaire à ces trois conditions, à ces trois buts de l'Education, ne se proposent même pas d'y atteindre.
Il est facile de comprendre que, pour la basse enfance, le Régime actuel agit sans consulter les convenances des parents. S'ils sont assez riches pour

pouvoir élever leurs enfants sous leurs yeux, ils en deviennent nécessairement les esclaves. Obligés de se séquestrer, de se priver de voir leurs amis, pour se livrer exclusivement à l'éducation de leurs enfants, ils ont la douleur de n'y pouvoir réussir. Sont-ils forcés par leurs affaires de s'absenter, ils sont obligés de confier leurs enfants à des domestiques corrompus.

Voilà pour les parents riches. Quant aux parents peu aisés, force leur est de se séparer de leurs enfants, de les confier à des femmes mercenaires qu'ils ne connaissent pas, et qui ne manquent jamais de les tromper. A cet égard même je dirai que le Gouvernement est bien coupable de ne pas mieux surveiller les établissements connus sous le nom de *Bureaux de nourrices*. S'il était plus sévère dans ses investigations, il rencontrerait de ce côté, n'en doutez pas, une foule d'abus honteux et révoltants ; au lieu de se contenter de faire de la statistique qui n'aboutit et ne remédie à rien, au lieu de dresser des tables de mortalité pour les enfants, il rechercherait et il trouverait la cause qui enlève la moitié des nourrissons. . . . Mais passons.

Le Régime actuel, ai-je dit, ne consulte pas plus les convenances des enfants que celle des personnes appelées à les surveiller, à les élever. Pense-t-on, dans les ménages, pense-t-on, dans les maisons d'éducation, à raffiner les sens, le goût, l'odorat, le toucher?... Nullement ; et quant à l'ouïe, loin qu'on s'étudie à perfectionner ce sens, on dirait que les enfants sont placés dans des circonstances faites tout exprès pour leur fausser et l'oreille et la voix ! Examinez de près toutes les conséquences des usages suivis à cet égard, et vous reconnaîtrez sans peine à combien de déformations physiques et morales nous sommes exposés dès notre âge le plus tendre, grâce aux objets et aux personnes qui nous entourent.

Mais vous connaissez assez l'incurie coupable dont notre Société fait preuve envers les enfants, comme envers tous les membres du Corps social. Voulez-vous avoir une idée de la prévoyance de l'Ordre sociétaire? écoutez Fourier :

« La Civilisation, toujours *simpliste* ou simple dans ses méthodes, ne connaît que le berceau pour asile du nourrisson; l'Harmonie, qui opère en ordre *composé*, donne à l'enfant deux situations ; elle le fait alterner du berceau à la natte élastique. Les nattes sont placées à hauteur d'appui ; leurs supports forment des cavités où chaque enfant peut se caser sans gêner ses voisins . Des filets de corde ou de soie placés de distance en distance, contiennent l'enfant sans l'empêcher de se mouvoir ou de voir autour de lui et d'approcher l'enfant voisin , dont il est séparé par un filet.

» La salle est chauffée au degré convenable pour tenir l'enfant en vêtement léger, et éviter l'embarras de langes et de fourrures. Les berceaux sont mus par mécanique : on peut agiter en vibration vingt berceaux à la fois. Un seul enfant fera ce service, qui occuperait chez nous vingt femmes.

» Les nourrices forment une Série distincte et doivent être classées par tempérament , afin qu'on puisse les assortir aux enfants, surtout dans les cas de changement de lait. Le nourrissage indirect est fort usité en Harmonie, parce qu'il est très lucratif et peu fatigant, et parce que les Harmoniens, plus judicieux que J. J. Rousseau, pensent que, lorsque la mère est d'une complexion délicate, il est très prudent de donner à l'enfant une nourrice robuste ; c'est le *greffer*, le renforcer. La Nature veut ces croisements. Si on accole un enfant faible, à une mère faible, c'est les exténuer tous deux pour l'honneur d'une rêverie morale. Au reste, on s'appliquera beaucoup à perfectionner le régime d'allaitement artificiel, et l'employer concurremment avec le naturel, ou isolément. Dans l'État sociétaire, une mère, quelque opulente qu'elle soit, ne peut jamais songer à élever son enfant chez elle isolément ; il n'y recevrait pas le quart des soins qu'il trouve au Séristère des poupards ou nourrissons ; et, avec toutes les dépenses imaginables, on ne pourrait pas y réunir une corporation de *Bonnes passionnées*, intelligentes, se relayant sans cesse, en trois caractères assortis à ceux des enfants. Une princesse, malgré tous ses frais, n'aurait pas des salles si habilement soignées, des nattes élastiques, avec voisinage d'enfants qui se servent réciproquement de distraction, et sont assortis en caractères. C'est principalement dans cette éducation de prime enfance qu'on reconnaît combien le plus riche potentat civilisé est au-dessous des moyens que l'Harmonie prodigue aux plus pauvres pères et enfants.

» Loin de là, tout est disposé en Civilisation de manière que le nourrisson fait le tourment d'une maison organisée pour le tourmenter lui-même. L'enfant, sans le savoir, désire les dispositions qu'il trouverait dans un Séristère d'Harmonie, à défaut de quoi il désole par ses cris parents, valets et voisins, tout en nuisant à sa propre santé.

» A l'âge de six mois, où nous ne songeons pas à donner aux marmots le moindre enseignement, on prendra de nombreuses précautions pour former et raffiner leurs sens, les façonner à la dextérité, prévenir l'emploi exclusif d'une main et d'un bras qui condamne l'autre bras à une maladresse perpétuelle; habituer dès le berceau l'enfant à la justesse d'oreille en faisant chanter des duos et quatuors dans les salles de nourrissons, et en promenant les poupons d'un an au bruit d'une petite fanfare à toutes parties. On aura de même des méthodes pour joindre le raffinement auditif au raffinement musical, pour donner aux enfants la finesse d'ouïe des rhinocéros et des Cosaques, et exercer de même les autres sens. De là vient que l'enfant sociétaire sera à trois ans plus intelligent, plus apte à l'industrie que ne le sont à dix ans beaucoup d'enfants civilisés qui n'ont à cet âge que de l'antipathie pour l'industrie et les arts.

» Le rôle de Bonne exigera donc de nombreux talents, et ne se bornera pas, comme en France, à chanter faux et à faire peur du loup. Les Bonnes s'exerceront surtout à prévenir les cris des enfants; le calme leur est nécessaire, et ce sera sur l'art de le maintenir que s'exerceront les prétentions cabalistiques et émulatives.

» Le vacarme des petits enfants, si désolant aujourd'hui, se réduira à peu de chose; ils seront très radoucis dans les Séristères; et il en est une raison bien connue, c'est que les caractères querelleurs s'humanisent avec leurs semblables. Ne voyons-nous pas chaque jour les ferrailleurs et pourfendeurs devenir fort doux, et renoncer à l'humeur massacrante quand ils se trouvent en compagnie de leurs égaux? Il en sera de même des marmots élevés dans un Séristère d'Harmonie et distribués en plusieurs salles de caractères. J'estime que ceux de troisième genre, les diablotins et démoniaques, seront déjà moins méchants, moins hurleurs que ne le sont aujourd'hui les bénins. D'où naîtra ce radoucissement? Aura-t-on, selon le vœu de la morale, *changé les passions des petits enfants?* Non, sans doute ; on les aura développées sans excès en leur procurant les délassements de réunion sympathique... (1) »

LA MÈRE. Oui, je crois, en effet, que les enfants seraient bien plus heureux ainsi. Mais qu'en faites-vous plus tard ?

X. A mesure que l'enfant prend de l'âge, vous le savez, les inconvénients et les embarras de l'éducation actuelle deviennent encore plus nombreux. Le besoin d'action, d'émulation, le désir instinctif d'acquérir des connaissances, cette curiosité inquiète qui porte les enfants à s'informer, a connaître, — toutes ces qualités précieuses que vous avez *comprimées* à grand'peine, l'âge les *développe* malgré vous ; l'âge éveille en eux le besoin de se trouver au milieu de leurs compagnons, de leurs égaux ; si ce besoin n'est pas satisfait (et l'éducation de famille ne peut le satisfaire), alors c'est un tourment perpétuel ; ils deviennent bruyants, turbulents; le défaut d'exercice industriel les rend maladroits ; ils cassent et brisent tout ; ils font votre désespoir ; ils vous adressent des questions fort embarrassantes et vous désolent à force d'indiscrétions. Pour éviter leurs inconséquences et déjouer leur sagacité, vous êtes forcés de vous gêner, d'observer vos paroles, vos moindres actions, de leur mentir même.

LE MARI. Oh ! oui, c'est bien vrai, cela ; et ma femme pourrait vous citer deux ou trois circonstances toutes récentes où elle s'est trouvée bien embarrassée par l'indiscrétion de notre petite Marie. Quelle enfant terrible ! Il faut toujours se méfier d'elle : quand on la croit très occupée de ses joujoux, c'est alors

(1) Nouveau Monde industriel, 2ᵉ édit., p. 174 et suiv.

qu'elle prête l'oreille la plus attentive à tout ce que l'on dit.

X. Eh bien ! cette curiosité contre laquelle vous êtes toujours en garde, ne pourriez-vous l'utiliser ? Au lieu d'appliquer tous vos soins à la déjouer, ne pourriez-vous la faire servir à l'éducation ? — Pauvres enfants ! que de peine les parents ne se donnent-ils pas pour arrêter cette sève, pour refouler cette exubérance de vie que Dieu a mise en eux !....

— Ah ! certes, il y a là quelque chose de faux et qui ne doit pas être, quelque chose qui vous indique que le foyer domestique n'est pas une place qui convienne, ou du moins, qui suffise à l'enfant.

Le mari. Diable ! comme vous y allez ! Mais cette sève, cette exubérance, si on ne les refoulait pas, savez-vous ce qui arriverait ?

X. Il arriverait que, livrés à eux-mêmes, les enfants commettraient de mauvaises actions.

Le mari. Des crimes même.

X. Oui ; cela s'est vu, cela se produit tous les jours, malgré la compression qu'on exerce sur eux, et quelquefois à cause de cette compression. Pauvres enfants ! eux si bien faits pour l'Ordre, la Justice, la Vérité, pour toutes les harmonies ; eux chez qui le sentiment de l'harmonie est si puissant, parce qu'ils sont plus près que nous de la nature ! Pauvres enfants ! quel dommage que le milieu dans lequel ils sont placés les fausse ainsi ! Quel dommage que la Société étouffe peu à peu tant de beaux et nobles instincts !...

La mère. Et vous croyez...?

X. Je crois, madame, que, dès qu'on saura amuser les enfants à des choses utiles, dès qu'on aura créé pour eux l'*éducation attrayante*, ils ne rechercheront plus des excitations d'ordre subversif. Mais aujourd'hui, leur en faire un reproche, ce serait.... Tenez, ce serait agir comme un de mes cousins avec son fils, un enfant charmant : quand son père le *moralise* et l'accuse d'être paresseux, voilà le pauvre enfant qui croit avoir grand tort; et, parce qu'on lui donne du grec et du latin à digérer, lorsque lui, l'enfant, il voudrait courir dans la prairie après les moutons et les ânes, le voilà qui pleure et qui promet de s'amender, de se corriger, c'est-à-dire de se fausser, d'aimer le grec et le latin, tandis qu'il est né pour vivre au milieu des champs. Vaine promesse ! la nature est en lui plus forte que la volonté ! — Aussi savez-vous ce que me dit l'enfant quand je suis seul avec lui : « C'est bien ennuyeux, va mon cousin, d'être un petit paresseux comme moi; quand je ne travaille pas, je suis content..., et je ne suis pas content... » Brave et intelligent enfant ! il comprend instinctivement la lutte qui s'établit entre ses goûts et les devoirs qu'on lui impose.

MOI. Et qu'on lui impose forcément, car il est impossible, aujourd'hui, d'élever les enfants sans les comprimer, sans les fausser.

LA MÈRE. Oh ! cependant, avec de bons principes, une bonne direction...

X. Eh ! comment les dirigerez-vous ?

LA MÈRE. Dans le sens que notre expérience et notre sollicitude nous suggèreront; et fiez-vous à nous pour cela.

X. Pardon ! madame; mais, sans les moyens pratiques, — l'expérience, la sollicitude et tous les bons principes du monde sont parfaitement inutiles. Vous croyez avoir tout fait lorsque vous avez imprimé à vos enfants la direction qui vous paraît préférable pour eux ; — et vous ne voyez pas que cette direction arbitraire, au lieu de tourner au profit de vos enfants, est pour eux une source de *faussement* et de véritable servitude.

LA MÈRE. Mais non ! notre intention n'est pas de les contraindre : au contraire, nous les laisserons choisir.

X. Le peuvent-ils ? les mettez-vous à même de le faire ?

LA MÈRE. Eh ! qui, mieux que les parents, saura deviner ce qui convient à leurs enfants ?

X. Les enfants eux-mêmes, madame. Mais ce n'est pas en restant sans cesse sous les yeux de ses parents, ce n'est pas en voyant toujours les mêmes objets, que l'enfant peut apprendre à connaître sa vocation ou plutôt *ses vocations*. Il faut le placer au milieu de tous les objets qui ont du rapport aux arts, aux sciences, à l'industrie ; il faut le placer au milieu des autres enfants dont il épousera les manies, les goûts, les rivalités ; autrement il arrivera jusqu'à vingt ou trente ans sans se sentir de goût déterminé. Et si à cet âge la vocation assoupie se réveille sous l'influence de la liberté dont vous lui permettrez de jouir, hélas ! il n'est plus temps ! et cette connaissance ne peut plus lui laisser que des regrets.

LE MARI. Mais, mon ami, vous voyez cependant qu'au collège les enfants ne trouvent guère mieux leurs vocations que chez leurs parents.

X. Eh ! sans doute, parce que, au collège, on ne fait pas ce que je viens de vous dire. L'éducation de collège, bien que préférable à l'éducation de famille, n'en est pas moins insuffisante et absurde ; on y fait passer la théorie avant la pratique ; on veut que les enfants comprennent l'utilité d'une abstraction, d'un principe dont on ne leur fait même pas entrevoir l'application. — Et puis, comment veut-on qu'ils fassent des progrès réels? on les tient jusqu'à vingt ans sur des livres, exclusivement sur des livres, sans leur rien faire faire qui ait rapport aux choses sociales; on les place complètement en dehors de la société, tandis que dès l'âge de quatre ans, on pourrait, on devrait les y rattacher par leurs travaux, leurs études, leurs amusements.

L'éducation de collège est vicieuse et incomplète ; qui le nie ? qui oserait nier que les enfants puisent, au collège, de mauvais exemples ; qu'ils y contractent des habitudes pernicieuses ? Ne sait-on pas qu'ils n'y trouvent aucun des soins que leur âge exige ? Et comment en serait-il autrement ? Les collèges et les pensions sont généralement exploités par des spéculateurs qui manquent de moyens, qui manquent de connaissances, ou par des administrateurs qui ne se doutent pas de l'immensité de leur mission, et à qui d'ailleurs on ne fournit rien de ce qu'il faudrait pour l'accomplir. Tout le monde convient que le Corps le plus malade, le plus arriéré de France, celui qui a le plus urgent besoin d'une complète régénération, c'est celui-là même qui devrait donner le signal du progrès, c'est l'Université (1) ; tout le monde en convient, même les membres de l'Université ; et cependant l'Université est stationnaire ! On sent bien qu'il y a beaucoup à faire ; mais on ignore ce qu'i faut faire.

Un grand obstacle aux succès de l'éducation,

(1) Il convient de rappeler que tout ceci a été écrit en 1840. On n'en doit donc tirer aucune conséquence pour ou contre l'Université dans sa querelle avec le haut clergé, querelle qui ne s'est déclarée ouvertement qu'en 1843.

voyez-vous, c'est que jamais l'on ne cherche à faire éclore chez l'enfant plus d'une vocation à la fois, tandis qu'il en possède indubitablement un certain nombre qu'il faudrait développer les unes par les autres. A la vérité, si en Harmonie toutes les vocations trouvent leur satisfaction dans des travaux variés, en Civilisation où le travail n'est pas organisé, où il n'existe aucun lien entre les diverses branches d'industrie, l'on ne peut guère opter que pour une fonction, à l'exclusion de toutes les autres ; il faut choisir une spécialité; il faut bien, sous peine d'échec, se conformer à ce triste et absurde proverbe, vrai proverbe *civilisé* : « Ne courons pas deux lièvres à la fois. » Or, loin de courir deux lièvres à la fois, nos instituteurs n'essaient pas même d'en courir bien un seul ; ils ne se doutent pas le moins du monde que le but essentiel, disons mieux, le but unique de l'éducation, c'est l'éclosion des vocations, éclosion sans laquelle toute éducation est nécessairement manquée.— Quand, à grand renfort de *pensums*, ils ont fait apprendre à leurs élèves le rudiment, la règle des participes, celle du *que retranché* quand ils leur ont appris le grec, le latin, la philosophie, la rhétorique; quand ils leur ont bien bourré la tête des principes les plus contradictoires ; alors ils s'imaginent avoir fait des hommes... Singulière illusion !... Aussi ne recueillent-ils presque aucun fruit de leurs peines; aussi la carrière de l'instruction, aride, fastidieuse autant pour les professeurs que pour les enfants, est-elle délaissée par presque tous les hommes de quelque valeur. — En Harmonie, au contraire, l'élite des savants tient à honneur autant qu'à plaisir de faire partie du Corps enseignant. Là, l'élève, au lieu d'être réduit à un seul maître, comme le veut le Régime actuel, trouve .

des maîtres de tout âge, de tous caractères, dont il épouse passionnément et librement les goûts scientifiques, pour peu que ces goûts soient conformes aux siens ; des maîtres qui, non-seulement par la variété de leurs connaissances et de leurs aptitudes, mais encore par tous les moyens que la Phalange a soin de mettre à leur disposition, possèdent des éléments de succès infiniment supérieurs à ceux de nos premiers collèges royaux, et hors de toute proportion avec ceux dont peut disposer une mère de famille, fût-elle la plus dévouée, la plus apte à une semblable occupation.

En éducation comme en agriculture, comme en industrie, le grand mal, la grande plaie, c'est le Morcellement. Les mêmes moyens, les mêmes ressources les mêmes connaissances qui manquent au paysan dans sa ferme, manquent à l'industriel dans son atelier, à la famille dans son ménage, et aux instituteurs dans leurs collèges ou pensionnats.

Les instituteurs se bornent, je vous le répète, à s'occuper de l'éducation intellectuelle, moins que cela, de l'éducation purement littéraire ; et ils ne voient pas que, sous peine d'échouer, comme ils le font, sur les sept-huitièmes des enfants, sous peine de rencontrer chez tous de plus ou moins vives répugnances, d'abâtardir les caractères les plus francs, et de faire avorter les esprits les plus féconds, il faut développer les sens, d'abord, puis s'occuper en même temps des vocations et de l'instruction. Eh bien ! non! bon gré mal gré, ils veulent forcer les enfants à accepter la théorie avant la pratique, ou plutôt sans la pratique ; car, loin de mettre à profit l'activité de leurs élèves, ils les empêchent de se livrer à aucun exercice ; ils réduisent à l'état d'automates ces petits êtres si pleins de vie, de fougue et de passions nuissantes. Pauvres enfants ! eux qui ont un si grand besoin de mouvement ! eux qui ne demandent que le grand air pour s'y épanouir, le soleil pour s'y fortifier, on les enferme dix heures par jour, on les prive d'air, de mouvement et de soleil ! Qu'est-ce donc lorsqu'on pense aux enfants du pauvre, à ces malheureux petits enfants que nos fabriques tiennent emprisonnés seize heures durant, au milieu d'un air méphitique ? Et puis l'on se plaint que tous les enfants sont rebelles, indociles, tapageurs, méchants !... Mais à force d'être irrité, le meilleur chien mordra son maître... Et puis on s'étonne qu'ils aient le corps malade, l'esprit imbécile !... Mais une fleur que l'on courbe, sous prétexte de la former, s'étiole et meurt !...

Dans l'éducation de famille, même système, et inconvénients plus graves encore ! Les parents eussent-ils cinquante mille francs de rente, ils ne peuvent pas réunir chez eux, même les faibles éléments de succès que l'on trouve au collège. Dans la famille, plus de rivalité, plus d'émulation pour l'enfant ! Dans la famille, l'éclosion des vocations est complètement impossible. En admettant (ce qui ne s'est jamais vu) que le père et la mère possèdent en propre toutes les connaissances imaginables, ils peuvent n'être pas aptes à l'enseignement; car autre chose est de savoir, autre chose est d'enseigner. Prendront-ils des professeurs à tant le cachet ? il faut pour cela habiter une grande ville : — un seul professeur logeant chez eux ? hélas ! qui ne connaît les inconvénients et l'insuffisance de ces deux moyens ? Et puis, si par miracle ils ont assez de fermeté, assez d'empire sur eux-mêmes pour éviter le danger du *gâtement* (danger si imminent dans l'éducation domestique), ils tombent dans l'excès opposé ; et les châtiments qu'ils infligent leur font perdre l'affection de leur enfant ; si bien qu'au lieu de faire le bonheur, au lieu de resserrer les liens affectueux de la famille, ainsi qu'on le croit généralement, l'éducation à domicile est souvent, au contraire, une source d'ennuis, de refroidissement, de désaffection entre le père et l'enfant.

Quelle différence en Harmonie ! Toutes les difficultés dont l'éducation est entourée aujourd'hui, disparaissent pour faire place à un mécanisme si simple qu'il semble marcher de lui-même. — Là, il y a une Providence pour les petits enfants, comme il y a une Providence pour les hommes ; là, TOUT enfant a droit à l'éducation, à l'éducation *attrayante* ; car c'est en s'amusant, en s'exerçant avec les enfants de son âge, c'est en recevant ou plutôt en *sollicitant* les leçons des plus âgés, que l'enfant s'instruit, qu'il obtient des grades, des distinctions, qu'il gagne ses dividendes, et prend rang dans la grande famille humaine ! Aussi voyez ! De même qu'aujourd'hui c'est le hazard qui livre un enfant à telle nourrice, à telle bonne, et plus tard le place sous la férule d'un maître pour lequel il ne se sent nulle sympathie ; de même en Harmonie, les choix affectueux que vous avez vus s'opérer de la bonne à l'enfant, ont aussi lieu du maître à l'élève. La plus grande liberté est accordée à tous les deux. Il n'y a pas d'autre règle que *l'Attrait* qui conduit l'un vers l'autre ; et comme l'enfant est mis sans cesse en rapport avec les personnes, sans cesse en contact avec les objets qui peuvent *l'attirer* ; comme il a sous la main tous les instruments de travail, sous les yeux toutes les leçons pratiques qui peuvent éveiller ses penchants, flatter ses goûts, exciter sa manie imitative, il parvient naturellement et nécessairement au plus complet développement de ses vocations ; c'est là la grande affaire en Harmonie; une vocation manquée ou étouffée serait une note perdue pour le concert social. Mais le Régime phalanstérien pourvoit si bien à tout, que pas un homme de mérite ne sera méconnu, pas un grand talent ne sera perdu, nulle capacité ne sera étouffée, ignorée, nulle ne s'ignorera elle-même, et les hommes de génie seront aussi nombreux qu'ils sont rares aujourd'hui. Aussi Fourier, comprenant toute l'importance de cette question, a-t-il examiné et analysé avec le plus grand soin les ressorts que la Nature veut mettre en œuvre pour entraîner les enfants à l'industrie.

« Les goûts dominants chez tous les enfants, dit-il, sont :

» 1° LE FURETAGE, ou penchant à tout manier, tout visiter, tout parcourir, varier sans cesse de fonction;

» 2° *Le fracas* industriel, goût pour les travaux bruyants;

» 3° *La singerie* ou manie imitative;

» 4° *La miniature* industrielle, goût des petits ateliers;

» 5° L'ENTRAINEMENT PROGRESSIF du faible au fort. »

Puis, recherchant la méthode à suivre pour appliquer ces goûts dès le bas âge, il compte 24 amorces ou ressorts d'éclosion des vocations...

LE PÈRE. Tout cela est fort bien; mais je ne vois pas quand et comment les enfants feront leurs études.

X. Fourier vous l'explique :

« Les études ne doivent figurer qu'en second ordre; elles doivent naître d'une curiosité éveillée par les fonctions matérielles. Il faut que le travail de l'école soit joint à celui des ateliers et cultures, et provoqué par les impressions reçues à ces ateliers.

» Parexemple, Nisus à six ans est passionné pour le soin des faisans et des œillets ; il figure activement dans les intrigues des groupes qui soignent la faisanderie et l'œilléterie.

» Pour introduire Nisus aux écoles, on se gardera bien de mettre en jeu l'autorité paternelle et la crainte des férules, pas même l'espoir de récompense. On veut au contraire amener Nisus et ses pareils à demander l'instruction : comment s'y prendre ? Il faut amorcer les sens qui sont les guides de l'enfant.

» Le vénérable Théophraste qui, a la faisanderie, préside les Chérubins (nom de la 2ᵉ tribu enfantine), et les aide de ses conseils, apportera à la séance un gros livre contenant les gravures de différentes espèces de faisans, de celles que possède le canton, et de celles qu'il ne possède pas (C'est un volume de l'Encyclopédie naturalogique enluminée).

» Ces gravures font le charme des enfants de cinq ans ; ils en parcourent avidement la collection. Au-dessous de *ces belles images* est une courte définition. L'on en explique deux ou trois aux enfants ; ils voudraient entendre lire toutes les autres, mais le Vénérable de station ou le Séraphin de ronde *n'ont pas le temps* de s'arrêter à ces explications.

» C'est une ruse convenue dans les Séristères de basse enfance ; chacun est d'accord à dire au Chérubins, qu'on n'a pas le temps de lui expliquer ce qu'il veut savoir ; on lui refuse adroitement les instructions qu'il demande ; on lui observe que s'il veut connaître tant de choses, il n'a qu'à apprendre à lire comme tel et tel qui ne sont pas plus âgés que lui,

et qui, sachant lire, sont déjà admis à la Bibliothèque
mineure.

» Là dessus, le Séraphin emporte le livre des *belles
images* dont on a besoin aux salles d'étude. Pareil
tour est joué aux enfants qui cultivent les œillets : on
a excité leur curiosité sans la satisfaire en plein.

» Nisus, piqué de cette double privation qu'il a
essuyée aux Groupes de faisanderie et d'œilleterie,
veut apprendre à lire pour s'introduire à la Bibliothèque, et y voir les gros livres qui contiennent tant
de *belles images*. Nisus fait part de ce projet à son
ami Euryale, et tous deux forment le noble complot
d'apprendre à lire. Une fois l'intention éveillée et
manifestée, ils trouveront assez le secours de l'Enseignement : mais l'État sociétaire veut les amener
à *demander l'instruction* ; leurs progrès seront trois
fois plus rapides, quand l'étude sera *travail d'attraction, enseignement sollicité.*

» Ici j'ai mis en jeu l'un des goûts favoris de l'enfance, le goût des gravures enluminées, représentant
les objets auxquels l'enfant s'intéresse activement
par connexion avec ses travaux.

» Ce ressort paraît suffisant pour éveiller l'idée
d'apprendre à lire : analysons mieux l'amorce, et
distinguons-y un mobile bi-composé, double en matériel et double en spirituel.

» En matériel : 1° l'impatience de connaître l'explication de tant de *belles images*; 2° le rapport de
ces gravures avec les animaux ou végétaux qu'il
soigne de préférence ;

» En spirituel : 3° l'envie de s'élever du sous-
chœur des mi-chérubins au sous-chœur des hauts-
chérubins, qui ne le recevront pas s'il ne sait pas lire;
4° les ironies de plusieurs des hauts-chérubins qui,
sachant déjà lire, se moqueront du retardataire.

» Mettez en jeu ces véhicules d'attraction bi-composée, et le succès sera aussi prompt qu'il serait lent et douteux, si on recourait aux mobiles civilisés, à l'ordre du père et du pédant, aux pénitences et châtiments, ou aux faibles appâts de quelques méthodes actuelles, dont la plus vantée, le *Mutualisme*, n'atteint même pas au véhicule composé, encore moins au bi-composé.

« Pareille méthode régnera dans les diverses branches d'étude, écriture, grammaire, etc. On y entremettra toujours l'amorce bi-composée, les refus concertés et ruses innocentes pour éveiller l'émulation. Elle ne peut naître que sur les branches d'études analogues aux travaux que l'enfant exerce passionnément. C'est donc, en tout sens, par le matériel d'industrie que doit commencer son éducation, et rien n'est plus mal entendu que la méthode *simpliste* des Civilisés, qui veulent faire de l'enfant un géomètre, un chimiste, avant de l'avoir amorcé aux fonctions propres à éveiller en lui le désir de connaître les mathématiques et la chimie, et de combiner ces théories avec la pratique par où il a débuté (1). »

Tenez, madame, regardez vos deux enfants; tout à l'heure ils jouaient sur ce canapé; ils ont maintenant changé d'occupation. Ne les dérangez pas; prenons la Nature sur le fait. Les voilà en train de construire une machine, occupation fort importante, qui exige toute leur attention. — S'accordent ils toujours ?

La mère. Oui, assez bien.

X. Je vous en félicite, madame. C'est un grand ha-

(1) Théorie de l'unité universelle, t. IV. p. 119.

sard et un grand bonheur pour vous ; car le Ménage familial offre peu de ressources au développement des affinités électives ; aussi voit-on souvent les frères se chamailler entre eux... Considérez avec quelle ardeur vos enfants s'occupent de cette machine. Tout à l'heure ils seront fatigués, ils s'occuperont d'autre chose ; mais vous remarquerez, si vous leur en fournissez les moyens, qu'ils s'attacheront de préférence aux fonctions utiles, ayant quelque rapport avec les relations industrielles et sociales, aux choses qu'ils ont pu observer, qu'ils sont naturellement portés à imiter ; et si vous intéressez leur amour-propre, si vous savez donner de l'importance à leurs moindres travaux, vous verrez comme ils seront fiers de leur coopération, et comme ils s'empresseront de vous offrir leurs petits services !

Le mari. Les petits drôles ne mettent pas cette ardeur quand il s'agit d'apprendre à lire.

X. Cela se conçoit : ils n'en voient pas l'utilité. Mais faites qu'ils aperçoivent le but d'une chose, et si cette chose est dans leurs goûts, vous verrez avec quel enthousiasme ils l'exécuteront.

La mère. Oh ! vous avez raison.

X. Mettre les enfants à même de vaquer aux diverses fonctions qui les intéressent, exciter leur enthousiasme en exagérant l'importance de quelque rien, — tout le secret de l'éducation et de l'instruction est renfermé là-dedans. On dit que les enfants sont paresseux, qu'ils n'aiment que le jeu, le dégât, les divertissements ; qu'ils sont dépourvus de facultés industrielles... Quelle expérience a-t-on faite pour s'assurer si cela est vrai ? Mais non ! il suffit d'observer les enfants pour reconnaître que c'est tout le contraire. Combien de fois à moi étant jeune (et certes j'étais ce qu'on appelle un enfant dissipé, un franc polisson, je m'en vante ! ardent au jeu, ardent à la course, toujours dans l'eau et dans la boue), combien de fois ne m'est-il pas arrivé de refuser une partie de barres, de toupie ou de billes, pour continuer une occupation industrielle qui me plaisait, qui me séduisait !.. Tenez, entendez-vous ces bambins discuter gravement sur l'avantage qu'il y a à placer telle pièce plutôt que telle autre ?... Le plus jeune veut en remontrer à l'aîné ; c'est un cas exceptionnel, car habituellement les plus jeunes ont beaucoup de vénération pour les aînés ; ils écoutent leurs instructions comme on écoute des oracles ; mais ce fait s'explique par la trop grande différence d'âge qui existe entre ces deux enfants, chose inévitable dans le Ménage *morcelé*.

LA MÈRE. Mais, monsieur, celui que vous appelez le plus jeune, c'est une fille, c'est ma petite Marie.

X. Ah ! je comprends alors, je comprends... et je vous félicite d'autant plus du bon accord qui règne entre eux. Vous devez vous réjouir de ce que vos enfants, quoique d'âge et de sexe différents, possèdent des faces caractérielles affinitaires qui ne se rencontrent habituellement que sur un certain nombre d'individus ; c'est un avantage que l'on ne peut guère trouver que dans le Ménage *sociétaire*.

LA MÈRE. Oh ! monsieur, il y a bien quelques différences dans leurs caractères, dans leurs goûts ; si je laissais agir mon fils à sa guise, il serait constamment dans les ordures.

X. Bien !

LA MÈRE. Tandis que sa sœur est d'une coquetterie qui m'effraie.

X. Très bien!

La mère. Lorsqu'elle habille sa poupée, il ne faut pas que son frère vienne la déranger. Et quand nous devons sortir, vous n'imaginez pas quels soins minutieux elle apporte à sa toilette, quelle importance elle y met; elle examine son col, elle examine ses cheveux... Ah! je suis bien désolée, j'ai bien peur qu'elle n'ait des goûts de coquetterie.

X. Eh! madame, peut-être ne me croirez-vous pas; mais, en vérité, vous vous plaignez de ce que vos enfants sont trop bien doués. En Harmonie, le goût pour la saleté, et le goût pour la parure, sont on ne peut plus profitables ; mais, aujourd'hui qu'ils ne peuvent avoir qu'une application *inharmonique,* je conçois votre inquiétude.

La mère. Que faut-il donc que je fasse ?

X. J'avoue, madame, que les mères de famille sont bien embarrassées.— D'un côté, tâchez que ces goûts ne se développent pas trop puisqu'ils sont funestes aujourd'hui; d'un autre côté, prenez garde de fausser l'esprit de vos enfants, rendez-les le moins malheureux possible, surveillez-les tant bien que mal; enfin faites ce que vous pourrez, et résignez-vous à tout ce qui peut leur arriver de fâcheux,—voilà le seul conseil que je puisse vous donner pour l'instant.

La mère. N'avez-vous donc de conseils que pour l'avenir ?

X. Hélas! oui, madame ; mais nous indiquons les moyens de faire que cet avenir soit le présent dès demain, si les hommes le veulent.

La mère. Qu'ils commencent donc tout de suite !

X. Ah! madame, les hommes qui président à nos destinées, les sophistes qui règnent sur l'opinion, et disons-le, l'immense majorité du public qui écoute ces sophistes, aiment bien mieux s'occuper de Réforme électorale et autres niaiseries semblables. Cela est bien plus amusant, bien plus récréatif, bien plus propre à assurer le bonheur de la nation!... Pauvre France! pauvre Humanité!... Ce qu'il y a de triste, c'est de voir les journalistes entretenir le public dans ces illusions, du moins autant qu'ils le peuvent; mais le public commence bien un peu à se lasser. Je ne sais plus qui me disait l'autre soir que le goût du public voulait désormais que l'on donnât un feuilleton quotidien dans les journaux quotidiens. Pour moi je ne sais si le *goût* du public y est pour quelque chose; mais je vois avec plaisir que son *dégoût* pour la politique y entre pour beaucoup.

En ce moment, par une maladresse du petit garçon la mécanique s'était démontée, et il s'était élevé, entre les deux enfants, une altercation qu'ils s'empressèrent de soumettre à leur mère. C'était un spectacle assez curieux que de voir la chaleur déployée par chacun d'eux pour défendre son droit. La mère trancha la difficulté en demandant à l'un et à l'autre s'ils savaient leur leçon.

— Oui, maman, dit Marie.

— Moi, je n'ai pas eu le temps, dit le frère d'un air boudeur.

LA MÈRE. Comment, paresseux! tu as bien le temps de faire des mécaniques.

LE PETIT GARÇON. Dam'! écoute donc, maman cela m'amuse de faire des mécaniques. Tu crois, toi, que c'est amusant d'étudier; je t'assure que non...

LA MÈRE. Comment, comment! petit raisonneur?...

LE PETIT GARÇON. Mais oui... si c'était amusant, je le ferais; mais c'est ennuyeux, je ne le...

LA MÈRE. Comment ! comment, monsieur ?... il faut donc que le travail soit amusant pour que vous travailliez ?

LE PETIT GARÇON. Dam' !...

LA MÈRE. Sortez d'ici, monsieur ; allez vite dans le cabinet de votre père, tout seul... jusqu'à ce que vous sachiez vos deux fables... Vous viendrez alors me les réciter.

L'enfant se retira les larmes aux yeux. Quant à la mère, l'effort qu'elle venait de faire pour punir son fils nous prouva bien clairement que cette obligation n'est pas dans la nature.

II.

X. Je suis bien fâché de vous le dire, madame, ou plutôt je suis heureux de vous en faire la remarque. Il y a un grand sens dans les paroles de votre fils. C'est la Nature elle-même qui vient de parler par sa bouche, c'est la Nature qui vient de donner une leçon à nos idées, à nos préjugés. Nous sommes tellement habitués à trouver de la répugnance dans nos occupations que nous ne saurions allier l'idée de *plaisir* avec celle de *travail*. Eh bien ! cet enfant, qui n'est pas faussé comme nous, vient de nous dire naïvement ce que la Nature lui inspire : — J'aimerais mon devoir si mon devoir était plus aimable. C'est donc vous qui avez tort, madame, et c'est votre fils qui a raison. Et cependant vous l'appelez paresseux... Était-il paresseux, tout-à-l'heure, au jeu, à la mécanique ?... Eh bien ! madame, le raisonnement que vous venez de faire à votre fils est en général celui des pères *civilisés*. Ils rapportent tout à eux, ils jugent tout d'après les convenances de notre société, et pour peu que leurs enfants s'éloignent de la ligne qu'ils leur ont tracée, ils se hâtent de les condamner. — L'autre jour un homme grave, judicieux, m'a tenu, sur le compte de son fils, le discours suivant que je refuserais de croire si je ne l'avais entendu : — Mon fils ! me disait-il, c'est un paresseux ! Croiriez-vous, monsieur, qu'après avoir fait son droit, il n'a voulu ni se faire avocat ni entrer dans la magistrature ? D'abord il s'est livré aux mathématiques ; maintenant il s'occupe de botanique, d'anatomie ; il veut apprendre la médecine. Quand il sera docteur, vous croyez qu'il exercera, qu'il se fixera enfin à une profession honorable ? Nullement, il *s'amusera* à autre chose… Oh ! je suis bien désolé ! Mon fils est un paresseux qui ne fera jamais rien.… — Quel éloge, madame, dans cette censure paternelle ! Cela m'a donné le désir de devenir l'ami de ce paresseux ; j'en ferai, à coup sûr, un excellent Phalanstérien. Quel caractère élevé ! quelle noble et vaste intelligence ! quel homme précieux en Harmonie ! et comme des facultés si brillantes et des aptitudes si diverses trouveraient, au phalanstère, une application utile à la Société et profitable à l'individu !

LA MÈRE. Cela est possible, mais en attendant, convenez, monsieur, que le père avait bien un peu raison, et que le résultat est assez triste pour lui.

X. Permettez, madame ; il aurait raison de se plaindre de ce que notre Ordre social condamne à l'inutilité, à l'inaction les esprits les plus éminents ; mais ce résultat déplorable, le père a tort d'en rejeter la coulpe sur son fils.

LE MARI. Mon cher, si vous étiez père, vous comprendriez...

X. Quoi? je comprendrais que l'avenir des enfants est une chose fort embarassante; oui sans doute.

LA MÈRE. Et fort inquiétante, monsieur. Vous me prendrez peut-être pour une folle, mais je vous assure que je me demande déjà avec inquiétude quelle carrière je ferai suivre à mes enfants...

X. Cela ne m'étonne pas, madame, puisque vous n'avez aucun moyen de deviner quelle est celle où vos enfants ont le plus de chances de succès. Eh! c'est ainsi qu'aujourd'hui nul ne peut goûter cette insouciance à laquelle nous aspirons tous. L'insouciance! elle n'est pas même permise aux petits enfants!...

LA MÈRE. Comment, l'insouciance? Mais je ne voudrais pas que mes enfants fussent insouciants... Il me semble que l'insouciance est le propre des personnes qui n'ont de goût pour rien, qui prennent les choses comme elles leur arrivent.

X. Le mot n'est peut-être pas très bon ici, puisqu'en effet la définition que vous en donnez, madame, est bien celle qui est généralement admise. — La langue est pauvre; et pourtant on jette les hauts cris dès qu'un homme se permet de créer un mot nouveau! J'entends par insouciance l'absence de souci, d'inquiétude pour le lendemain. Le *souci du lendemain*! mais c'est un cauchemar perpétuel dont les plus riches ne sont pas exempts, un cauchemar qui n'épargne pas même les petits enfants. — Tenez, il y a quelques jours, je me trouvais chez un de mes amis; son fils, âgé de cinq ou six ans, était là, près de nous, silencieux. Nous le considérâmes; il avait l'œil fixe, les paupières baissées; et au travail intellectuelqui s'opérait dans ce petit cerveau, vous eussiez dit que le crâne allait sauter. — A quoi penses-tu, mon petit Jules? demanda son père. — A quoi je pense? répondit l'enfant; je pense, quand je serai grand, et vous petit, comment je ferai pour vous nourrir.

LA MÈRE. Pauvre petit! comme je l'aurais embrassé.

X. C'est ce que le père ne manqua pas de faire.

LA MÈRE. Eh bien! monsieur, les miens me font quelquefois de ces raisonnements; vraiment, je vous assure, ils me font souvent réfléchir à bien des choses...

X. Je le crois, madame; les enfants, je dis les très jeunes enfants, ceux dont l'intelligence précoce n'a pu encore être faussée, ont bien plus de bon-sens que leurs parents ou instituteurs. Ces instituteurs ont publié des volumes de proverbes qu'on a appelés *La Sagesse des nations*; ils auraient beaucoup mieux fait de rassembler les réflexions, les réparties de leurs élèves, et d'en composer un livre intitulé : *La Sagesse des enfants*, ou mieux *La Sagesse de la Nature*.

Permettez que je vous cite encore un de ces bons mots, sublimes de naïveté, de simplicité. J'étais hier au soir dans un lieu public où deux messieurs agitaient une grave question, à savoir, —Qu'il serait urgent d'inventer une machine à raser, qui évitât au sexe barbu l'ennui du savon et du barbier. — Mais, papa, dit un enfant qui suivait la conversation avec de grands yeux bleus tout ouverts et bien intelligents, si l'on ne se rasait pas du tout? — Qu'est-ce que tu nous dis, toi? — Dam'! ajouta l'enfant, puisque l'on a de la barbe, ce n'est pas pour la couper, — Est-il sot cet enfant! — Eh! pas si sot, hasarda

l'autre interlocuteur, le fait est que la barbe donne
à la physionomie de l'homme un caractère qui lui
manque sans cela. —Oh ! mais, dit en riant le père,
si je ne me rasais pas, ma femme trouverait ma barbe
trop dure... Et la conversation finit là. —Oui, dis-je,
en plaisantant, à un ami qui écoutait comme moi,
elle la trouverait trop dure pendant quinze jours,
mais essaie de la garder trois mois...

Mais je m'éloigne sans cesse de mon sujet. *Contrariété de l'éducation actuelle avec la Nature et
le bon-sens*, telle est en peu de mots le résultat de
nos méthodes d'éducation. L'éducation privée est insuffisante et fausse, elle étouffe les facultés et instincts de l'enfant ; en l'isolant, en lui refusant des
compagnons pour ses jeux, elle fausse son caractère,
elle s'oppose au libre développement de ses vocations. Quant à l'éducation publique, on en a assez
signalé l'insuffisance et les inconvénients de toute
espèce ; et, quant à sa fausseté, je n'en veux pour
preuve qu'une réflexion que vous avez pu lire au
bas d'une charge de Charlet, réflexion qui figure-
rait assez bien dans le livre de *La Sagesse des enfants*. Cette charge représente un gamin, le carton
sous le bras, se rendant tristement à l'école en se
grattant l'oreille : « Si j'étais gouvernement, dit-il,
je voudrais que tout le monde *saurait* lire, pour qu'il
n'y *ait* plus de maîtres d'école. » Dans cette répugnance de l'enfant, il y a toute une révélation....

Au reste, on reconnaît généralement que c'est
dans la fausseté, dans l'insuffisance de l'éducation
actuelle, que se trouve une des grandes causes de
nos misères sociales ; mais personne, non, personne
n'a indiqué le remède, hormis Fourier. « Dès l'âge
de cinq ans, dit-il, la Civilisation commence à meubler l'esprit des enfants de *saines doctrines* qui tra-

vestissent leur caractère, surtout celui des femmes... » .... Je vois, madame, que ce mot, *saines doctrines*, pris par Fourier en mauvaise part, vous étonne et vous choque. Écoutez ce passage de notre Maître, et votre étonnement cessera.

X. tira de sa poche un gros volume, et se mit à lire :

« Plus nous avancerons dans l'examen de l'éducation harmonienne, plus nous reconnaîtrons cette *contrariété de la Morale avec la Nature* ; il convient d'en récapituler ici quelques détails tirés de l'éducation de basse enfance.

» La Morale veut fonder le système d'éducation des petits enfants sur la plus petite réunion domestique, celle du ménage conjugal. La Nature veut fonder cette éducation sur la plus grande combinaison domestique, distribuer en trois degrés, les Groupes, les Séries de Groupes, et la Phalange de Séries. Hors de cette vaste réunion l'on ne peut, ni former les deux échelles de fonctions et de fonctionnaires exerçant émulativement sur chaque parcelle de l'échelle, ni satisfaire chez l'enfant le caractère et le tempérament qui ont besoin des salles et des services annexés à cette double échelle, services impraticables hors d'une Phalange de Séries industrielles. Aussi, dans les ménages de famille, l'enfant s'ennuie-t-il au point de hurler nuit et jour, sans que ni lui ni les parents puissent deviner les distractions dont il a besoin et qu'il trouverait dans un Séristère de prime-enfance.

» La Morale veut que, dans ce ménage de famille, le père se complaise à entendre le vacarme perpétuel de marmots qui le privent de sommeil et troublent son travail. La nature veut au contraire que l'homme, pauvre comme riche, soit délivré de ce charivari moral, et que, rendu à sa dignité, il puisse reléguer en local éloigné cette diabolique engeance, placer les enfants en lieu où ils soient sainement et agréablement tenus, selon la méthode sociétaire qui assure le repos des pères, des mères et des enfants ; ils sont tous harcelés par le régime civilisé nommé doux ménage, véritable enfer pour le peuple, quand il n'a ni appartement séparé pour les marmots, ni argent pour subvenir à leurs besoins.

» La Morale veut que la mère allaite son enfant, précepte inutile avec les mères pauvres qui forment les sept huitièmes ; loin d'avoir de quoi payer une nourrice, elles cherchent des nourrissons payants. Quant aux mères fortunées, en nombre de un huitième, il faudrait leur interdire cette fonction, car elles sont *assassines* de l'enfant. Par désœuvrement elles s'étudient à lui créer mille fantaisies nuisibles, qui sont un poison lent et tuent la plupart des enfants riches.

» On s'étonne sans cesse que la mort enlève le fils unique d'une opulente maison, tandis qu'elle épargne dans des chaumières de misérables enfants privés de pain ; ces marmots de village ont une garantie de santé dans la pauvreté de leur mère qui, obligée d'aller au travail des champs, n'a pas le temps de s'occuper de leurs fantaisies, et encore moins de leur en créer, comme le fait la dame du château. Ainsi J.-J. Rousseau, en croyant rappeler les mères aux tendres sentiments de la tendre morale, a fait naître la mode de l'allaitement chez la classe de femmes qu'il fallait en exclure ; car dans cette classe riche elles manquent, pour l'ordinaire, ou de la santé nécessaire, ou du caractère froid et prudent qui serait un préservatif de mal pour la mère et l'enfant. »

LA MÈRE. Eh ! quoi, monsieur, Fourier ne veut pas que les mères allaitent leurs enfants? Pourtant...

X. Nous reviendrons tout-à-l'heure sur ce point, madame; mais auparavant permettez-moi d'achever cet étonnant passage dans lequel Fourier fait si bonne et si prompte justice d'une foule de proscriptions *prétendues morales* de la Morale.

» La Morale défend au père de gâter l'enfant ; c'est au contraire la seule fonction réservée au père, son enfant étant suffisamment critiqué et remontré en Régime sociétaire par les Groupes qu'il fréquente, ou, s'il est très petit, par les bonnes qui le soignent au Séristère du bas-âge.

» La Morale veut que le père soit l'instituteur naturel de l'enfant ; c'est un soin dont la Nature l'exclut et qu'elle réserve aux *Bonnins* et *Mentorins* (noms donnés par Fourier aux instituteurs de 2ᵉ et 3ᵒ degré), gens formés pour cette fonction par l'instinct et l'esprit corporatif.

» La Morale veut qu'on place autour de l'enfant une demi-douzaine d'aïeules et tantes, sœurs et cousines, voisines et commères, pour lui créer des fantaisies qui nuisent à sa santé, et pour lui fausser l'oreille par la musique française. La Nature veut qu'on n'emploie pas la vingtième partie de cet attirail pour tenir l'enfant gaîment et sainement dans un Séristère assorti à tous les instincts du premier âge.

» La Morale veut que l'enfant soit élevé dès le bas-âge à mépriser les richesses et estimer les marchands ; la Nature veut au contraire que l'enfant soit élevé de bonne heure à estimer l'argent et s'évertuer à en acquérir par la pratique de la Vérité qui, en Civilisation, ne peut pas conduire aux richesses, et qui est incompatible avec le Commerce inverse ou méthode actuelle.

» La Morale veut qu'on ne permette aux enfants aucun raffinement, surtout en gourmandise, et qu'ils mangent indifféremment tout ce qu'on leur présente ; la Nature veut qu'on les élève aux exigences gastronomiques, aux finesses de cet art qui, en Harmonie, devient moyen direct de les passionner pour l'agriculture.

» Il est donc certain que la Morale, même en lui supposant de bonnes intentions, joue le rôle d'un médecin ignorant qui ne donne que des avis pernicieux, ne sait que contrarier les vues de la Nature, et tuer les malades avec un étalage de *belles doctrines* (1). »

Comment trouvez-vous ce morceau ?

LE MARI. Bien curieux assurément ; je ne sais s'il n'y aurait pas de bons arguments à opposer à quelques-unes des critiques que vous venez de lire ; mais, à coup sûr, il y en a qui sont d'une justesse frappante. Marquez donc ce passage, et veuillez me laisser le livre un jour ou deux ; je serais charmé de lire attentivement cette série d'accusations et de peser chacune d'elles.

X. C'est très-bien, mon ami, méditez, croyez-moi, sur cette belle critique de tant de sottises qui sont encore en crédit.... Mais écoutons madame ; elle avait quelques observations à faire au sujet de l'allaitement de l'enfant par la mère.

LA MÈRE. Oui, monsieur ; je ne vous cache pas que je suis tout-à-fait de l'avis de Rousseau ; la mère *doit* allaiter ses enfants ; c'est pour elle un *Devoir*, à

(2) Nouveau Monde industriel, 2e édit., p. 204.

l'accomplissement duquel, d'ailleurs, la Nature a attaché tant de charmes ! J'ai allaité mes deux aînés, et si j'ai livré mon dernier au sein d'une étrangère, croyez, monsieur, que ç'a été bien contre mon gré ; il a fallu qu'une ordonnance formelle des médecins exigeât de moi ce sacrifice ; encore ne me suis-je résignée qu'après bien des difficultés.

LE MARI. Difficultés qui étaient si peu raisonnables, que j'ai dû faire usage de mon pouvoir de mari pour t'amener à ne plus donner à ton fils un lait qui le rendait malade. Ton entêtement a failli coûter la vie à notre enfant et à toi-même.

LA MÈRE. C'est vrai.

X. Votre tendresse maternelle, madame, se trouvait donc en défaut, puisque, sans votre mari, vous auriez compromis l'existence ou au moins la santé de votre fils, et cela pour obéir au moraliste Rousseau ! Avouez, madame, que dans cette circonstance votre raison vous a mal conseillée.

LA MÈRE. Je l'ai reconnu plus tard, mais n'importe, la douleur que j'ai éprouvée quand il m'a fallu renoncer à nourrir mon enfant, m'a bien prouvé que l'allaitement est pour toutes les mères un Devoir imposé par la Nature........Voyez donc, monsieur, vous qui prenez tous vos exemples dans la Nature, voyez les animaux : les femelles ne nourissent-elles pas toutes leurs petits ? C'est la nature, c'est Dieu qui l'a voulu ainsi.

LE MARI. Sur ce point, ma foi ! je serais assez de l'avis de ma femme. Non seulement la Nature donne aux femelles les organes nécessaires pour qu'elles puissent allaiter leurs petits, mais encore elle leur envoie, pour le temps que doit durer l'allaitement, un surcroît d'intelligence et de tendresse maternelle.

le vœu de la Nature n'est pas moins manifeste pour
ce qui regarde les femmes ; car c'est à l'époque de
la parturition que commence chez la mère la sécré-
tion du lait. C'est au moment où l'enfant a besoin
de téter que le sein de la mère se remplit d'un lait
très léger, d'un lait tel qu'il le faut pour un nouveau-
né.

LA MÈRE. Cela est évident, et je ne conçois pas,
en vérité, qu'on puisse douter un seul instant du vœu
formel de la Nature.

X. Permettez, madame, et n'allons pas si vite. Il
y a du vrai dans ce que vous dites ; mais votre raisonnement n'est pas complet ; souffrez que je vous le
prouve.

Sous beaucoup de rapports l'Homme ressemble
aux animaux. Aussi le voyons-nous soumis à la plupart des lois que la Nature a imposées à ceux-ci.
Toutefois, dans leur application à l'homme, ces lois
doivent subir quelques modifications : vous conce-
vez bien, en effet, que l'homme étant la créature su-
périeure du règne animal, que l'Homme étant doué
d'une foule de facultés qui ont été refusées aux animaux, Dieu ne peut pas avoir voulu le soumettre en
tous points au même régime que les créatures d'ordre
inférieur.

LE MARI. Oui, je comprends et j'admets cela.

X. Eh bien ! alors, pourquoi n'admettriez-vous
pas que, relativement à l'allaitement, il y a pour
l'Homme *quelque chose de mieux à faire que de
suivre l'exemple donné par les animaux ?*.... La
vie de nos enfants dans le premier âge n'est-elle pas
entourée de bien plus de garanties que ne l'est celle
des petits des animaux ? Que la mère vienne à manquer à ceux-ci,—abandonnés par le seul être que la

Nature ait chargé de veiller sur eux, ils sont perdus, ils meurent de faim… Quelle différence pour l'enfant de l'Homme ! A défaut de la mère, à défaut même du père et des autres parents, le jeune enfant qu'un malheur a rendu orphelin ne trouve-t-il pas vingt personnes pour une disposées à s'entremettre pour lui trouver une mère d'adoption ? et vingt femmes que la compassion émeut à la vue du pauvre petit, ne se disputent-elles pas l'honneur de lui donner une portion du lait qu'elles destinaient à leur propre enfant ? — Pour les petits des animaux, la prévoyance de la Nature est *simple*, tandis que, pour les enfants du Roi de la création, elle est *composée*.

Sous un autre point de vue, n'est-il pas reconnu par les médecins qu'une femme lymphatique, dont le mari est également lymphathique, agirait sagement en s'abstenant d'allaiter son enfant et en tâchant de lui donner une nourrice d'un tempérament sanguin ? N'est-il pas reconnu qu'au moyen de précautions de cet ordre les parents pourraient remédier à une foule d'infirmités ou à des vices qui, sans cela, deviendraient héréditaires ? Or il n'y a que l'intelligence de l'Homme qui puisse combiner ces précautions, et sur ce point ce n'est pas chez les animaux que nous devons et que nous pouvons aller chercher des enseignements.

LA MÈRE. Sans doute il doit y avoir une différence entre la manière d'agir de l'Homme et celle des animaux ; l'Homme étant un *animal raisonnable*…..

X. Vous l'avez dit, madame, l'Homme est un *animal raisonnable*… Mais alors trouvez bon que nous blâmions cet *animal raisonnable* quand il donne pour un Principe de Morale, pour un Devoir, une prescription qui n'est nullement fondée en raison.

LE PREMIER DEVOIR d'une mère est de *faire ce qui est le plus avantageux à son enfant*. Or, pour savoir si un mode d'allaitement est plus ou moins convenable à tel ou tel enfant, il faut consulter la raison et la science, et agir conformément à leurs décisions. — Après cela je conviendrai avec vous que, dans le plus grand nombre des cas, la mère se trouvera être la nourrice la plus convenable pour son enfant; et comme l'accomplissement de cette fonction de nourrice est et sera probablement toujours une grande jouissance pour les mères, je ne doute pas que, dans le Régime phalanstérien, la plupart d'entre elles n'allaitent leurs enfants.

LA MÈRE. A la bonne heure, monsieur, et maintenant je me range à votre avis.

X. Et vous abandonnez Rousseau?

LA MÈRE. Oui, j'abandonne Rousseau.

X. Pauvre Jean-Jacques ! si tu vivais encore, toi si intelligent, combien, à la lecture de Fourier, tu rougirais d'avoir fait l'Émile !...

Mais notre disgression sur l'allaitement nous a fait perdre le sujet principal de notre conversation. Nous parlions de l'Éducation publique, de son insuffisance, de sa fausseté. Voulez-vous en connaître les résultats? Prenez un jeune homme sortant du collège ; il est on ne peut plus emprunté, il fait tout gauchement, il le sait, et cette certitude le rend plus timide et plus maladroit encore. Et puis essayez de l'interroger : il ignore complètement des choses qu'un enfant de huit ans connaîtra en Harmonie; aussi devient-il fatigant à force de s'informer de tout, de s'étonner de tout et de passer continuellement d'une question à une autre, sans même attendre la réponse, tant il est pressé d'avoir une solution sur d'autres points ! Combien, venant de subir avec succès un examen de baccalauréat, sont tout étonnés si on leur apprend qu'au moyen des triangles sur lesquels ils viennent d'être interrogés, on peut lever un plan, connaître la contenance d'une pièce de terre ! D'où vient cela ? Je vous l'ai dit, et l'on ne saurait trop le redire : c'est qu'on leur présente la science d'une façon si abstraite, si rebutante, si éloignée des applications qu'ils doivent en faire un jour, qu'ils ne peuvent apercevoir ni la *cause* ni la *fin* de leurs études. Aussi n'apprennent-ils presque rien, et le peu qu'ils savent, à peine en ont-ils conscience; aussi qu'arrive-t-il ?

Il arrive une chose que tout le monde a observée. Il arrive que, souvent, les sujets qui ont le plus brillé sur les bancs de l'école, sont ceux qui se font le moins remarquer plus tard, tandis qu'on voit se distinguer dans le monde bon nombre de ceux que le collège avait rebutés ou laissés dans les derniers rangs. On s'étonne, on se plaint de ce résultat : il est pourtant tout simple. Au collège, on veut stimuler chez tous les enfants toujours les mêmes facultés ; encore parmi ces facultés n'envisage t-on que les facultés passsives ou neutres, la mémoire d'abord et ensuite la comparaison, — le tout enfermé dans le cercle des études littéraires. D'où il résulte qu'un enfant médiocrement doué, et partant malléable, fait de grands progrès, tant qu'on n'exerce en lui que la mémoire, et fait des progrès encore tant que l'on ne met en jeu que les parties passives de son intelligence. Les natures fortement trempées, au contraire, celles en qui les ressorts actifs, tels que l'imagination, l'invention, sont très tendus, très puissants, ne peuvent s'accommoder d'un tel régime. Ces natures-là se révoltent contre une règle qui ne peut leur convenir ; loin de se distinguer dans la première phase de l'éducation, elles la traversent au milieu de punitions et de soucis, et par cela même elles ne se mettent pas en état de réussir dans la seconde phase où cependant elles auraient trouvé plus de chances de succès.

Hors du collège, c'est tout autre chose. Entre le collège et le monde on n'a pas établi de lien, ou plutôt on a creusé un abîme. Dans le monde, ce sont les facultés actives, créatrices, qui sont le plus précieuses. Ces facultés-là, comme elles n'ont reçu aucune éducation, sont bien forcées de se développer elles-mêmes, et alors l'individu, quelque bien doué qu'il soit, court les plus graves dangers. Ou bien, il se développe subversivement, grâce aux entraves qu'il rencontre sur sa route, et vous le condamnez en disant: « C'est un mauvais sujet, une nature perverse, c'est un misérable dont on n'a jamais pu rien faire. » Ou bien il se développe dans un sens utile à ses semblables et à lui-même, et alors que de fois vous vous écriez : « C'est étonnant ! c'était le plus mauvais élève : et maintenant voyez quelle nature brillante ! » Ceux de ses camarades qui l'avaient écrasé sous leurs succès de collège, refusent d'accepter sa supériorité jusqu'à ce qu'ils en soient écrasés eux-mêmes. Que prouve cela? La contrariété de l'éducation actuelle avec la nature, ou plutôt l'absence, ou ce qui est pis encore, la fausseté radicale de nos méthodes d'éducation.

Pauvres jeunes gens ! pauvres enfants ! Est-ce leur faute si nous ne savons pas discerner leurs instincts, développer leurs aptitudes; si nous ne savons pas faire éclore leurs vocations, et si, passant sur eux le même niveau que nous avons voulu follement étendre sur la Société, nous adoptons une règle uniforme pour des natures si diverses? Avons-nous bonne grâce ensuite à leur faire payer par des châtiments les mauvais résultats dont notre ignorance seule est la cause?

Si quelqu'un doit être puni, flagellé, ne sont-ce pas ces pédants qui, conduisant les études à contre-sens, nous font perdre nos plus belles années à nous ennuyer, à nous dépiter, à nous fausser, à nous corrompre par l'oisiveté et les dégoûts de toute espèce! Que ne suivent-ils la méthode de nos nourrices? Voilà d'excellents instituteurs, nos nourrices! Elles nous apprennent à parler sans que nous nous en apercevions; et comment? en mettant à profit nos besoins, nos instincts, notre désir d'articuler des sons. Si, au lieu de présenter la science d'une manière qui la rend inaccessible à l'intelligence de ces pauvres enfants, nos doctes instituteurs voulaient bien se souvenir un peu des leçons de leurs nourrices (qui ne savaient pourtant ni le grec ni le latin); si, dis-je, ils es-savaient de cette méthode naturelle, la seule qui soit applicable à de jeunes enfants, en un mot, s'ils cher-chaient à utiliser, à flatter leurs manies industrielles; s'ils leur fournissaient des instruments à leur portée, au milieu d'ateliers-*miniature*, et s'ils savaient éta-blir entre eux des intérêts communs, des liens corporatifs, une hiérarchie, comme la Nature veut en établir entre tous les membres de l'espèce hu-maine, on verrait bientôt les désordres, la pa-resse, les habitudes malfaisantes dont on se plaint tant, disparaître pour faire place à des habitudes d'ordre, de travail, d'économie; on verrait ces chers enfants prendre feu pour des choses utiles, produc-tives, on les verrait s'instruire en s'amusant.

Chose incroyable! De tout temps on a amusé les

enfants avec des jouets sans aucune utilité, tous les jours on imagine de nouveaux hochets pour occuper leur activité turbulente, et l'on n'a pas encore pensé à faire servir leurs amusements à l'éclosion de leurs vocations : on n'a pas encore eu l'idée de leur donner systématiquement des jouets utiles, des *outils-miniature*, qui les amuseraient, qui les intéresseraient beaucoup plus que les frivolités dont on les entoure !

LE MARI. Je crois deviner ce que vous demandez pour les enfants ; vous voudriez pour eux une éducation professionnelle.

X. Oui, sans doute, une éducation professionnelle ; mais encore faut-il s'entendre... Voici comment les choses se passeront chez nous :

Pour les tout petits enfants, l'éducation est toute pratique ; plus tard on joint à la pratique quelques explications (les enfants aiment beaucoup les explications, ils en sont avides). Les plus intelligents comprennent tout d'abord ; les autres ont besoin qu'on y revienne à plusieurs fois ; quelques-uns ne comprennent pas du tout, d'où il ne faut pas conclure que ces derniers soient complètement dépourvus d'intelligence, mais bien que cette intelligence veut s'exercer sur d'autres sujets.

Aussi jamais il ne faut gronder les enfants : ces pauvres petits ! soyez sûrs que lorsqu'ils ne vous comprennent pas, la faute n'est pas à eux.

Quand je parle d'explications à donner à de jeunes enfants, vous sentez bien, madame, que je ne veux pas parler de théories difficiles ; celles-là viennent plus tard ; elles viennent quand les enfants les demandent, quand ils commencent à en sentir le besoin. Ceux que les difficultés de la science ne rebutent pas, ceux qu'elles *attirent* même, sont les seuls à qui ces difficultés doivent être expliquées. Nous ne forçons aucun enfant à prendre telle ou telle leçon, car nous sommes bien persuadés que ceux que la Nature a destinés à devenir des savants se sentiront irrésistiblement entraînés vers la science, du moment où on aura su les mettre seulement en contact avec elle. Quant à ceux que la science rebute, ceux qui, comme on dit, ne mordent pas à la théorie, nous les laissons bien tranquilles : une autre destinée les appelle ailleurs. En toutes choses, le vœu de la Nature, l'ordre de Dieu doit être respecté. — Ne trouvez-vous pas, madame, que nous avons raison d'agir ainsi ?

La mère. Tout ce que vous dites, monsieur, me paraît fort juste ; on se repent toujours d'avoir voulu forcer un enfant à faire quelque chose qui ne lui plaisait pas. A cet égard je diffère d'opinion avec bien des parents que je connais, qui sont enchantés quand ils ont réussi à forcer leur enfant à faire leurs volontés : ils sont fiers du moindre succès obtenu malgré la nature ; il leur semble qu'il y ait pour eux le mérite d'une difficulté vaincue. Les larmes de leur enfant ne les arrêtent pas ; ils poursuivent avec une persévérance que j'appelle, moi, de la cruauté, le plan d'études qu'ils ont adopté; et après beaucoup de peine de leur côté et beaucoup d'ennuis et de dégoûts du côté de l'enfant, ils arrivent à un bien médiocre résultat.

X. Oh ! madame, que j'aime à vous voir dans de pareilles dispositions !.... Vous nous comprendrez, vous aimerez la Théorie de Fourier...

Voyez donc quelle est la supériorité de notre système sur le système actuellement suivi !... Chez nous un professeur n'a jamais pour élèves que les enfants qui *veulent* bien réellement recevoir sa leçon.. Aussi quel plaisir pour lui, et quels succès! Tout son jeune auditoire est animé du désir de s'instruire et prête à ses paroles l'attention la plus soutenue ; le plus grand silence règne dans la classe ; le temps de la leçon se passe sans que les élèves s'en aperçoivent ; pour eux elle est toujours trop courte : je voudrais que vous les vissiez poursuivre le professeur jusque dans la cour et l'accabler de nouvelles questions. — Mais lui, pour les tenir en haleine, pour les retrouver disposés à la leçon prochaine, il refuse de leur répondre, il les envoie à d'autres travaux, — c'est-à-dire à d'autres jeux....

Le MARI. Quelle Méthode d'enseignement choisirez-vous ? Prendrez-vous l'enseignement mutuel ou l'enseignement simultané ?

LA MÈRE. Pour moi, il me semble que l'enseignement mutuel est préférable à l'autre : j'ai vu des choses vraiment bien étonnantes dans les écoles mutuelles. Il me semble impossible de faire mieux.

X. Nous ne sommes pas exclusifs en fait de Méthodes ; croyez bien qu'au Phalanstère il y aura plus de deux Méthodes ; celle-ci pour une chose, celle-là pour une autre ; et puis telle Méthode conviendra à tels élèves, qui ne conviendra pas à d'autres... Enfin, pour chaque cas particulier, on fera ce qu'il sera le plus convenable de faire.

L'enseignement mutuel repose sur deux faits naturels incontestables : 1° L'enfant plus âgé ou plus intelligent que ses camarades est toujours enchanté de montrer sa supériorité sur eux, et ne demande pas mieux que de devenir leur professeur, leur *moniteur* ; 2° les plus jeunes sont toujours disposés à imiter leurs camarades plus âgés, et même à obéir à leurs ordres avec la plus grande docilité (c'est ce que Fourier a nommé l'*Entraînement progressif du faible au fort*). — Ces deux dispositions naturelles sont utilisées dans l'enseignement mutuel, et expliquent en partie ces beaux résultats que vous avez vus, madame. — Ce qu'il y a de plus étonnant dans une école mutuelle nombreuse, c'est la facilité avec laquelle les enfants, naturellement si vifs et si bruyants, sont contenus dans l'ordre le plus parfait et même dans le silence le plus complet pendant le temps des leçons. Ce fait excite l'admiration de ceux qui en sont témoins, ils en font honneur au maître qui très souvent, je vous jure, en est bien innocent.

LA MÈRE. Comment expliquez-vous cela?

X. Le voici, madame. Chez les enfants comme chez les hommes, la *Masse* exerce une très grande influence sur l'*Individu*. Ce que la *Masse* a adopté, ce qui devient de *Ton* dans une grande réunion, est accepté et adopté sans observation par chacun des *individus*; aucun d'eux n'oserait contredire l'opinion de la *Masse*; bien entendu, tant qu'il fait partie de cette *Masse*. Si cette disposition naturelle de l'individu n'existait pas, l'*Ordre* ne pourrait pas subsister sans la *Contrainte*. Mais on aurait tort de conclure de cette remarque, qu'il est impossible de réaliser l'*Ordre* en laissant à l'*Individu* une entière *liberté d'action*. Cela est au contraire *très possible*, grâce à la déférence que tout individu a *naturellement* pour la *Masse*.

LE MARI. Cette déférence de l'individu pour la masse...., mon cher ami, cela ne me paraît pas une base bien solide, une garantie suffisante pour l'*Ordre*...... Les enfants surtout qui raisonnent si peu, qui sont si vifs, si turbulents ! — si les maîtres ne les tenaient pas un peu sévèrement, je craindrais bien que leur déférence pour la *Masse* ne suffit pas pour les contenir long-temps dans l'ordre. —Et puis cette *Masse*, comment ferez vous pour lui faire vouloir l'ordre, surtout s'il s'agit d'une *Masse* de petits diables ?

X. Soyez tranquille. Dieu, qui veut l'*Ordre*, a prévu toutes les nécessités, et usant ici de sa toute-puissance, il s'est servi de son moyen général et infaillible : il a donné à la grande majorité des hommes du *goût*, de l'*Attrait* pour les mouvements réguliers, mesurés, cadencés, pour ces beaux mouvements d'ensemble que des Masses seules peuvent exécuter. Du moment qu'on propose aux masses d'accomplir ces mouvements réguliers, la grande majorité accepte avec joie, avec enthousiasme ; les plus diables se calment et prennent place dans les rangs de la Masse.

— Qu'est-ce que j'entends ? dit la mère avec un tressaillement involontaire.

X. Ce que vous entendez, madame? eh ! parbleu! c'est ma preuve qui arrive on ne peut plus à propos.

LA MÈRE. Comment ? quelle preuve ?

X. La preuve de la puissance du *mode mesuré* sur la grande majorité des hommes. Ce que vous entendez n'est pas autre chose qu'une compagnie de soldats qui s'avance tambour en tête.

— Des soldats ! des soldats ! dit la petite Marie, en s'élançant vers le balcon. Quel bonheur ! voici des soldats !

— Maman, ma petite, ma bonne maman, s'écria le frère en sortant précipitamment du cabinet, laisse-moi voir passer les militaires. Je t'en prie, maman! tu verras que j'apprendrai bien mes fables après.

Nous allâmes tous, grands et petits, nous installer sur le balcon.

— Eh bien! madame, dit X, quand la troupe fut passée, n'est-il pas vrai que ces mouvements réguliers ont une puissance entraînante, irrésistible? Et remarquez que cette foule qui accompagne les tambours et les enveloppe de toutes parts est attirée là, non pas par le désir de voir les uniformes, mais bien par le plaisir de se rallier au mouvement cadencé des tambours et de marcher au pas.

La mère. Sans doute, monsieur, mais tout le monde a pu faire cette observation.

X. Oui, madame, tout le monde; mais Fourier seul a reconnu qu'il y avait là une Loi naturelle, constante; Fourier seul a trouvé le moyen d'en faire l'application, une application utile aux faits de la vie sociale et spécialement à ceux de l'éducation.

Mais cette application existe déjà, et si je ne craignais d'abuser de votre complaisance, je vous lirais le récit d'une visite que l'un de nos amis fit, il y a plusieurs années, à l'une des salles d'asile de Paris.....

La mère. Comment donc, Monsieur? c'est vous qui faites preuve de complaisance, et c'est nous qui vous prions de continuer.

X. Puisque vous m'y autorisez, madame, je vais vous lire la charmante narration de notre ami:

« .... Les Salles d'Asile sont déjà nombreuses à Paris, où la première a été fondée en 1828. Allez visiter une Salle d'Asile, si vous ne connaissez pas encore ces bons et pieux établissements; aucun spectacle à Paris ne vous donnera de meilleure et de plus douce émotion. Le but de la Salle d'Asile est de recevoir, pour la journée, les enfants en bas âge du quartier environnant. L'établissement se compose d'une cour plantée d'arbres, munie d'un auvent spacieux. Quand il fait beau, les enfants jouent dans la cour au soleil; ils se réunissent sous l'auvent quand il pleut. Dès sept heures du matin, les mères ou les grandes sœurs amènent les petits enfants à l'Asile, ou ils restent jusqu'à sept heures du soir; on les reçoit depuis l'âge de vingt-deux mois jusqu'à six ans.

» Or, vous verriez dans la cour trois cents petits enfants, pleins de gaîté et de gentillesse, jouant, sautant, dansant à la corde et se roulant sur le sable au soleil. — et pour ces trois cents enfants un seul surveillant ! J'ai vu dans la cour de la Salle d'Asile de la rue Saint-Hippolyte, un petit jardinet tout éblouissant de fleurs, et au milieu des fleurs un cerisier-nain, pas plus haut que les enfants de trois ou quatre ans, qui jouaient à côté; ce cerisier était couvert de belles cerises rouges, que chacun des enfants aurait pu cueillir en avançant la main. Eh bien ! aucune de ces jolies cerises n'était touchée, toutes ces jolies tentations étaient respectées ! et notez, s'il vous plaît, que ces petits enfants sont bien libres, car souvent le directeur est à côté, et reste des demi-heures entières sans paraître. — Mieux que cela ! quand de nouveaux enfants arrivent à l'Asile, sitôt qu'ils s'approchent du petit jardin, ce sont les autres qui leur apprennent qu'*on n'y touche pas*, et aucun n'y touche. Il n'y a jamais eu une gronderie à faire, une punition à infliger : pourtant la séduction est grande. C'est l'influence du Ton qui règne là, l'influence du Ton unitaire.

» Mais voici ce qui est joli. Quand tous ces petits enfants sont à s'amuser dans leur cour, où ils s'amusent tant, que *la moitié au moins*, nous disait le bon directeur, *oublieraient de manger et laisseraient, sans y toucher, leurs petits paniers pleins de nourriture, si l'on n'y prenait garde ;* quand ils s'amusent tant, disais-je, voici que le maître donne un coup de sifflet.... A ce coup de sifflet, petites filles et petits garçons quittent subitement le jeu et viennent se mettre en file, chacun à son rang : Trois cents enfants, et des poupons de vingt-deux mois ! et tout fait silence ! — « Attention, mes enfants ! » dit le maître ; et au second coup de sifflet, tous croisent les mains derrière le dos. Au troisième coup de sifflet, le maître battant la mesure avec un livre en bois, les deux régiments de petites filles et de petits garçons se mettent à marcher, en marquant le pas et en chantant sur l'air de Marlborough :

Nous nous mettons en marche,
Mironton, ton, ton, mirontaine ;
Nous nous mettons en marche
Pour aller travailler ;
Car il faut s'occuper
Pour ne pas s'ennuyer,
Pour ne pas s'ennuyer.

» Et les voilà marchant en mesure sur deux files, toujours chantant en mesure, et chantant sur un air d'abord, puis sur un second, puis sur un troisième, tous les mouvements qu'ils font, toutes les évolutions qu'ils exécutent pour aller, en bon ordre, prendre les places accoutumées sur les bancs de la salle. — Le maître donne-t-il un coup de sifflet, tout s'arrête, marche et chant. C'est un silence parfait, vous entendriez une mouche voler. — Quand la mesure reprend, la marche et le chant reprennent. C'est merveilleux.

» Je ne décrirai pas la série des petits exercices de lecture, de numération, de mouvements, qu'on leur fait exécuter pendant deux heures que dure la séance, et qu'ils exécutent tantôt en chantant, tantôt sans chanter, mais toujours regulièrement, toujours simultanément, toujours *en mesure*. Cela serait trop long à dire —Allez voir la salle d'Asile de la rue Saint-Hippolyte ; c'est la plus intéressante, parce que c'est la plus nombreuse. Allez la voir, et vous ne regretterez pas votre course, et vous comprendrez ce que l'on peut, sur des masses aussi jeunes , avec le chant, avec le pas régulier, avec le mouvement cadencé, avec un emploi encore si faible et si confus cependant, du *mode mesuré !*

» A côté de la cour et de la salle des tout petits, il y a la cour et les salles d'école mutuelle pour les grands. Trois cents garçons dans l'école mutuelle des garçons, trois cents filles dans l'école mutuelle des filles, apprennent à lire, à écrire, à dessiner, font de l'arithmétique, de la géometrie et du solfège, sous la direction d'un seul maître et d'une maîtresse ! Voilà donc, grâce à l'imitation, grâce au mutualisme, grâce à l'entraînement progressif ascendant, et grâce surtout à un emploi encore fort restreint du mode mesuré, six cents enfants et plus, tenus, gouvernés, instruits sous la direction seulement de trois grandes personnes.

» Je dis six cents et plus, car il y a eu quelquefois jusqu'à onze cents enfants présents dans l'établissement de la rue Saint-Hippolyte. En verité, il n'est pas permis de fermer les yeux à de **pareilles** révélations. Représentez-vous seulement ces onze cents enfants passant, isolément chacun, la journée dans leurs familles, et calculez ce qu'ils feront de sottises ; que d'ennuis et de désolations ils coûteront à leurs parents; ce qu'ils pousseront de cris, ce qu'ils verseront de larmes ! Aussi le maître de la Salle d'Asile vous le dira-t-il, comme je le savais d'avance : IL EST BIEN PLUS FACILE D'EN TENIR ET D'EN ÉLEVER TROIS OU QUATRE CENTS, QUE D'EN TENIR ET D'EN ÉLEVER TROIS OU QUATRE (1) »

LA MÈRE. Oh ! c'est frappant de vérité.

LE MARI. Oui, ma foi ! c'est tout-à-fait concluant; et je comprends maintenant le pouvoir de la *Masse* sur l'*Individu*.

X. Vous voyez d'après cela combien l'enseignement mutuel pourra être utile. Mais, pour une foule de choses je suis d'avis, moi, qu'il faudra que la leçon soit faite par un professeur, en d'autres termes, qu'on adopte l'enseignement simultané, sauf à le combiner quelquefois avec l'enseignement mutuel...

LA MÈRE. Vous avez parlé tout à l'heure de *l'entraînement progressif du faible au fort* : qu'est-ce que cela veut dire ? Malgré les explications que vous avez données sur ce sujet, il reste encore dans mon esprit un peu d'obscurité.

X. Si vous examinez attentivement une réunion d'enfants, vous y verrez que tout naturellement LE FORT *entraîne* LE FAIBLE, c'est-à-dire que l'enfant de cinq ans cherche *toujours* à imiter l'exemple qui lui est donné par l'enfant de six ans ; celui de six ans l'exemple que lui donne l'enfant de sept ans, et ainsi

(1) *Destinée Sociale*, par V. Considerant, t. III, *Education*, sous presse.

do suite, en suivant la progression des âges. La tendance à l'imitation est moins prononcée de l'enfant de cinq à celui de dix ans, la distance est trop grande; et voilà pourquoi l'éducation de famille est si peu propre à l'éclosion des vocations : c'est que l'enfant élevé chez ses parents manque souvent des exemples et des stimulants qu'il trouve tout naturellement au milieu des enfants de son âge.

LA MÈRE. Je vous remercie, monsieur, de votre explication ; maintenant je comprends.

X. Ah ! madame, que n'avez-vous le temps d'étudier, dans les écrits de notre Maître, tout ce qui concerne l'éducation ! Avec quel amour Fourier a traité ce sujet ! Avec quelle sollicitude vraiment paternelle il a prévu et calculé tout ce qui est nécessaire à ces petits êtres qui nous sont si chers ! Si vous saviez, madame, combien les mères seront heureuses au Phalanstère ! combien elles jouiront de la bonne tenue et des progrès de leurs enfants ! quels touchants accords, quelles amitiés vives et sincères se formeront entre les mères et les bonnes ou nourrices adoptives! quels délicieux échanges de reconnaissance et de sympathie naîtront de cette admirable institution de la *Maternité corporative* passionnée ! Si vous le saviez, combien il vous tarderait de voir élever le premier Phalanstère !

Vous, madame, qui vous désolez de rencontrer dans vos enfants, soit des instincts immondes, soit des penchants au luxe, c'est alors que vous reconnaîtriez avec joie combien sont excellents, lorsqu'ils sont bien employés, tous les goûts des petits enfants, tous leurs défauts (comme on dit aujourd'hui), tels que le penchant à la saleté, le goût pour les travaux de cuisine, l'amour des sucreries, la gourmandise enfin, la gourmandise, ce goût si général chez les enfants, cette tendance précieuse que l'on comprime aujourd'hui bien à tort, et qui fait verser tant de larmes, qui coûte tant de chagrins à ces pauvres petits! Non! ce n'est pas sans raison que la Nature a fait naître les enfants avec ces goûts, avec ces penchants! Au lieu d'être comprimés, ces goûts veulent être utilisés, ces penchants veulent être développés, raffinés ; et Fourier le démontre victorieusement par les charmants détails qu'il donne sur les relations et les travaux des Tribus de l'enfance. Y a-t-il, en effet, rien de plus ravissant que sa conception des Petites Hordes et des Petites Bandes, deux Corporations enfantines arrivant, l'une au *beau* par la route du *bon*, l'autre au *bon*, par la route du *beau* ; celle-ci présidant au maintien du *Charme social*, celle-là préposée au maintien de *l'Unité sociale*, et à ce titre surnommée Milice de l'Unité, nom qu'elle mérite à tous égards par son dévouement et ses vertus civiques ?

La mère. Expliquez-nous donc encore cela, monsieur.

X. Oh! madame, il faudrait entrer dans de trop longs détails. Qu'il vous suffise de savoir que votre fils, qui se plaît, dites-vous, dans les ordures, et qui par conséquent serait fort bien classé dans la catégorie des petits polissons, votre fils aurait peut-être un grade très honorable et très lucratif dans le corps des Petites Hordes. — Quant à votre petite Marie, elle serait peut-être chef de Série dans la Corporation des Petites Bandes. Mais pour vous expliquer cet admirable mécanisme, il faudrait traiter à fond cette matière inépuisable ; il faudrait vous mettre sous les yeux toutes les ressources de l'Ordre sociétaire; il faudrait vous montrer combien les enfants, si rebelles à nos méthodes actuelles, si rétifs aux exercices mornes et solitaires auxquels nous les condamnons, sont passionnés dans les exercices mesurés de l'éducation sériaire; et, au reste, vous pouvez vous rendre compte de tout cela en étudiant les instincts de vos enfants, en même temps que vous étudierez la Science sociale.

LA MÈRE. Oh! monsieur, comment voulez-vous qu'une femme aborde des sujets aussi difficiles!

X. Détrompez-vous, madame; la Science sociale, loin d'être hérissée de difficultés, comme vous pourriez le croire, offre au contraire les détails les plus séduisants. Comme elle indique les *causes* et les *fins* des choses, elle n'a pas ce caractère de sécheresse et d'obscurité que l'on reproche à toutes les autres sciences. Et pourquoi avons-nous tant de difficultés pour apprendre les sciences en général? C'est précisément parce que l'on ne nous enseigne ni les *causes*, ni les *fins* des choses; c'est que souvent on ne nous en donne pas même une analyse, mais seulement un simple énoncé qui ne parle ni au cœur ni à l'imagination. Par exemple: si l'on nous enseignait l'histoire naturelle, la botanique, la chimie, de manière à nous montrer leur relation avec les divers phénomènes naturels et sociaux, leur analogie avec nos passions; toutes ces sciences, loin d'être rebutantes comme aujourd'hui, deviendraient des tableaux parlants, animés; et non-seulement nous en prendrions à cœur les plus minces détails, mais encore nous ferions beaucoup moins d'efforts pour meubler notre mémoire d'une foule de notions qu'elle ne peut retenir aujourd'hui.

LA MÈRE. Mais, monsieur, pour enseigner l'histoire

et la géographie et les autres sciences comme vous le voudriez, il faudrait d'abord les connaître ainsi ; il faudrait une immense instruction.

X. Oui, madame ; d'où je conclus que l'éducation actuelle de nos collèges et l'éducation de famille sont toutes les deux mauvaises et incomplètes, puisqu'elles sont loin de pouvoir disposer des éléments nécessaires, éléments que la Science sociale peut seule fournir, que l'Ordre sociétaire seul peut appliquer. Vous le voyez, madame, tout se tient, tout s'enchaîne, le mal comme le bien, et c'est parce que seuls nous savons résoudre les autres problèmes sociaux, que seuls nous savons résoudre l'important problème de l'éducation. Au reste, l'étude de l'ANALOGIE UNIVERSÈLLE, expliquant les causes et les fins de la création, présente tant de charme, tant d'attrait, surtout aux dames, que je vous demande la permission de vous communiquer plus tard un petit travail sur cette matière.

L'analogie est réellement une science romantique, enchanteresse. Par elle, — chose qui paraissait impossible, — le goût du merveilleux, si répandu parmi les hommes, si attrayant pour tous les âges, s'accorde toujours avec la raison.

Certes, madame, si l'on vous faisait voir pourquoi telle fleur a telle conformation, pourquoi telle couleur ; si l'on vous montrait le rapport symbolique qui existe entre telle passion, tel caractère, telles mœurs individuelles ou sociales, et la forme, la grandeur, la couleur, l'odeur particulière, les habitudes de telle plante, de telle fleur, de tel animal ; si l'on vous expliquait enfin ce que demande Figaro : *Pourquoi ces choses et non pas d'autres* (question que ne manquent jamais de faire les enfants), ce mot,

Science, appliqué aux diverses notions des choses naturelles de tous les ordres, loin de vous effrayer, vous attirerait fortement.

LA MÈRE. Oui, monsieur, j'accepte parfaitement cela.

X. Eh bien ! si les grandes personnes s'aperçoivent du contre-sens de nos méthodes d'éducation, pourquoi s'étonneraient-elles de ce que les enfants profitent si peu avec ces méthodes ? Loin de savoir les diriger, on ne sait pas même les laisser apprendre seuls, on ne sait que réprimer leurs penchants naturels, tandis qu'il faudrait développer ces penchants.

LA MÈRE. Je suis de votre avis, et cela est très-bien tant que vous supposez que les enfants ne montrent que des penchants convenables.

X. Qu'appelez-vous des penchants convenables

LA MÈRE. Je veux dire des penchants qui conviennent aux parents, à la famille.

X. Eh bien ! ne vous le disais-je pas, à l'instant, qu'en Civilisation, les parents ont la manie (manie funeste !) de vouloir retrouver chez leurs enfants leurs propres goûts, leurs propres penchants, ou tout au moins une aptitude pour la carrière a laquelle ils les destinent ? Et lorsque la Nature trompe ce désir (ce qui arrive presque toujours), les parents ne se tiennent pas pour battus, non ! ils compriment les goûts naturels de leurs enfants pour leur en inculquer de factices. Cela n'a pas le sens commun, cela comporte un danger réel pour les individus comme pour la Société. Et c'est ainsi qu'en faussant le caractère et la vocation des enfants, on forme de mauvais fils, de mauvais maris, de mauvais pères, de mauvais citoyens.

LA MÈRE. Mais pourtant, si mon fils ou ma fille avait des goûts communs, de vilains goûts...

X. Aujourd'hui, sans doute, cela serait très fâcheux pour vous, madame, très fâcheux pour votre famille qui aurait à en rougir ; mais, dans la Phalange, on ne sait pas ce que c'est qu'un vilain goût. En effet, par le fait seul de l'Organisation des travaux, toute fonction est anoblie, il n'y a plus de métier vil, plus de travail méprisé, et votre fils pourrait se livrer à tous ses penchants sans vous faire le moindre déshonneur. Or, voyez l'immense avantage qui résulte de là. «Tel enfant, dit Fourier (1), quoique fils d'un prince, témoigne dès l'âge de trois ans du goût pour l'état de savetier, et veut fréquenter l'atelier des savetiers, *gens aussi polis que d'autres en Association*. Si on l'en empêche, si on réprime sa manie savetière, sous prétexte qu'elle n'est pas à la hauteur de la philosophie, il s'irritera contre les autres fonctions, ne prendra aucun goût pour les travaux et études auxquels on voudra l'entraîner; mais si on le laisse débuter par le point où l'Attraction le conduit, par la *savaterie*, il sera bientôt tenté de prendre connaissance de la cordonnerie, de la tannerie, puis de la chimie sous le rapport des diverses préparations du cuir, puis de l'agronomie sous le rapport des qualités que les peaux de bestiaux peuvent acquérir par tel système d'éducation et de régime, telle sorte de pâturage.

» Peu à peu il s'initiera à toutes les industries par suite d'une émulation primitive en *savaterie*. Peu importera par quel point il ait commencé, pourvu qu'il atteigne dans le cours de sa jeunesse à des connaissances générales sur toutes les industries de sa

(1) Nouveau Monde industriel, 2ᵉ édit., page 188.

Phalange, et qu'il en conçoive de l'affection pour toutes les Séries qui l'y auront initié.

» Cette instruction ne peut pas s'acquérir en Civilisation où rien n'est lié. Les savants nous disent que les Sciences forment une chaîne dont chaque anneau se rattache au tout et conduit de l'une à l'autre ; mais ils oublient que nos relations morcelées sèment la discorde parmi toutes les classes d'industrieux, ce qui rend chacun indifférent pour les travaux d'autrui, tandis que dans une Phalange chacun s'intéresse à toutes les Séries, par suite d'intrigues avec quelques-uns de leurs membres, sur la Gastronomie, l'Opéra, l'Agriculture, etc. Le Lien des Sciences ne suffit donc pas pour entraîner aux études; il faut y joindre le lien des Fonctions, des individus, des intrigues rivales, chose impraticable en Civilisation ».

Le mari. Pouvez-vous nous donner un exemple de l'application de cette Loi aux faits de la vie sociale et industrielle ?

X. Remettons, s'il vous plaît, cette question à un autre jour; mais puisque nous avons parlé d'Analogie, permettez-moi de vous citer quelques tableaux du Maître. Ils ont trait aux enfants. C'est une tentation que j'exerce sur vous, madame; prenez-y bien garde... Il s'agit du Réséda.

« Le réséda, dit Fourier, représente les industrieux enfants de l'Ordre sociétaire. Sa fleur n'a point de pétales visibles ; elle ne se compose que de la partie productive : étamines et pistil, par allégorie aux enfants d'Harmonie, sans cesse occupés à des fonctions productives et ne trouvant de plaisir que dans le travail utile qu'ils exercent dans une foule de Séries passionnelles ; par Analogie, le réséda supprime les pétales, emblèmes de plaisir improductif. Un parfum très suave s'échappe de cette fleurette, en symbole du charme qu'excitent les enfants adonnés passionnément à l'utile industrie. La Nature donne aux étamines la nuance capucine, mélange de rouge et orange (couleur d'enthousiasme et d'ambition), en symbole du levier industriel des enfants harmoniens, qui est un enthousiasme soutenu d'ambition.

» Au-dessous des fleurs vient une longue file de petits sacs peu remplis et ouverts; c'est l'emblème de tous les petits trésors qu'amasse l'enfant harmonien dans sa jeunesse où il dépense fort peu de chose, et accumule d'ordinaire une cinquantaine de menues sommes épargnées sur les dividendes obtenus dans les différentes Séries qu'il a fréquentées. Leur ensemble compose à l'enfant un petit pécule qu'on lui livrera à 16 ans. Il y a peu de graine dans les capsules, parce que l'enfant ne doit gagner que des dividendes peu considérables dans ses Séries. La Nature a laissé les sacs ouverts quoique renversés; c'est manquer doublement aux précautions de prudence, par analogie à l'impossibilité de tromper et frustrer un enfant harmonien, quoiqu'il dédaigne toute précaution contre l'astuce et le vol.

» Ce n'est pas aux mœurs des enfants civilisés que peut s'appliquer ce tableau. On comprend par là qu'il serait impossible d'étudier les Analogies végétales et animales tant qu'on ignorerait le mécanisme des Périodes d'Harmonie auxquelles se rapportent nombre de plantes, comme jasmin, violette, pensée, réséda, serpentin, cacao dont l'analogie n'existe point dans les coutumes et mœurs de civilisation.

» Mais du moment où on connaîtra les coutumes des huit Périodes sociales, on pourra en trouver les portraits dans le vaste musée des quatre règnes où les effets de nos Passions sont hiéroglyphiquement dépeints. Jusque-là les naturalistes ne peuvent qu'observer les EFFETS sans connaître les CAUSES qui ont déterminé Dieu dans ses opérations distributives. Si on leur demande pourquoi le lys est enduit d'un pollen qui vient souiller perfidement la face de l'homme; pourquoi l'œillet crève irrégulièrement son calice, ils sont forcés de se retrancher dans *les profondes profondeurs des secrets et l'épaisse épaisseur des voiles d'airain.* Ce qui signifie en langage bourgeois, qu'ils ne connaissent goutte au calcul des CAUSES ; que leurs études sont bornées au mode simple, ou classement des EFFETS.

» Si nous ignorons les causes qui ont présidé à chaque détail de la création, nous sommes tentés à tout instant de critiquer la Nature et son docte auteur, dont nous admirerions le pinceau fidèle si nous savions déterminer, par analogie, le sens de leurs tableaux. En voyant un réséda, chacun s'écrie : Quel dommage que cette fleurette si odorante ne soit pas un peu plus ornée, qu'elle n'ait pas de brillants pétales ! Et puis ce fatras de capsules presque sans graine, c'est une surcharge inutile : ainsi s'exprime la raison civilisée ou raison *simple* qui ne connaît que les effets et non les causes. On a vu plus haut que le tableau manquerait de vérité, si Dieu avait fait une seule de ces corrections ; le réséda ne peindrait plus les coutumes industrielles des enfants en huitième Période ; et le lys qui ne barbouillerait pas les nez civilisés, ne serait plus l'interprète exact des périls encourus par celui qui veut pratiquer en Civilisation la vérité et la droiture. »

LA MÈRE. Voilà un tableau charmant ; je n'en regrette que le dernier trait.

X. Comment ?

LA MÈRE. Oui, je vous avoue que j'aime beaucoup le lys ; c'est une fleur si pure, si simple, si gracieuse, qu'au lieu de la regarder comme opposée à la vérité et à la droiture, il me semble.... Ah ! vous riez, ce n'est pas bien.... Oui, eh ! bien, oui, je l'avoue, je suis portée, par instinct, à considérer le lys comme un emblème d'innocence.

X. Voulez-vous, madame, savoir toute la pensée de Fourier sur cette fleur ?

La mère. Ah ! voyons....

x. « La tige du lys est droite et ferme, comme la marche de l'homme véridique. Elle se distingue par un entourage de folioles gracieuses : ainsi l'homme honorable et véridique brille par les traces d'estime qu'il laisse dans toutes ses fonctions industrielles ou administratives (feuille et travail sont synonymes).

» La corolle est, comme celle de la tulipe, un triangle sans calice, par analogie à l'homme véridique (lys) et à l'homme juste (tulipe). Leur conduite ne s'enveloppe d'aucun mystère et marche à découvert : ainsi la racine bulbeuse du lys est entr'ouverte de toutes parts en lames détachées et laisse voir l'intérieur de l'oignon, par analogie à la marche de l'homme loyal, dont les principes et le fond du cœur sont à découvert.

» Cette fleur, emblème de la pureté et de la droiture, a deux propriétés bizarres ; elle est *perfide* et *reléguée*.

» 1° *Perfide*, en ce qu'elle barbouille d'une poudre jaunâtre celui qui s'en approche, séduit par son parfum. Cette souillure, qui excite les huées, représente le sort de ceux qui se familiarisent avec la Vérité.

» Qu'un homme docile aux leçons des philosophes, et résolu à pratiquer *l'auguste vérité, qui est*, disent-ils, *la meilleure amie des humains*, s'en aille dans un salon dire la franche et bonne vérité sur les faits et gestes des assistants, sur les grivelages des gens d'affaires et les intrigues secrètes des dames présentes, il sera conspué, traité d'ostrogoth philosophique, butor inadmissible en bonne compagnie. Chacun, par une invitation à passer la porte, lui prouvera que *l'auguste vérité n'est point du tout la meilleure amie des humains*, et ne peut conduire qu'à des disgrâces quiconque veut la pratiquer.

» La Nature nous écrit cette leçon dans le pollen dont elle enduit les étamines du lys. Il semble qu'elle ait voulu dire à l'homme attiré par cette fleur : *Défie-toi de la vérité, ne t'y frotte pas.* C'est là le but de ce barbouillage qu'elle imprime sur les nez imprudents qui se frottent sans précaution à la fleur de lys, et se font, l'instant d'après, montrer au doigt par les enfants, comme on se fait montrer au doigt par les pères, quand on se hasarde à leur dire *l'auguste vérité.*

» 2° *Reléguée.* La Vérité est belle, si l'on veut, mais belle à voir de loin, et telle est l'opinion du grand monde, puisqu'il ne peut pas admettre la fleur de Vérité. On ne présentera pas un bouquet de lys à une femme de bon genre ; on ne verra pas de lys dans le salon d'un Crésus. Toute belle qu'est cette fleur, sa forme, son parfum, son éclat ne conviennent pas à la classe des sybarites. Ils n'aiment le lys que de loin, comme la Vérité ; ils le reléguent dans les angles du parterre. La fleur, comme bouquet, ne peut convenir qu'au peuple qui ne craint pas les pesantes vérités. Aussi voit-on le lys figurer dans les fêtes publiques et sur la porte des cabarets où règne la vérité. Il charme les enfants qui ne craignent pas la bonne et franche Vérité. Enfin on l'emploie à orner les statues et portraits des saints aux jours de fête ; et c'est fort bien fait de placer le symbole de la vérité entre les mains des habitants du ciel ; car si elle est de recette en l'autre monde, elle ne l'est nullement en celui-ci.»

La mère. Oh ! c'est frappant de vérité ; c'est parfait, et je suis bien aise que Fourier justifie ainsi ma prédilection pour le lys... Mais ce n'est pas tout, sans doute, et vous avez bien encore quelque chose en réserve?...

X. Oui, j'ai les fruits rouges.

La mère. Ah ! voyons les fruits rouges.

X me fit un signe, et continua ses citations :

« La Cerise, image des goûts de l'enfance, est le premier fruit de la belle saison. Elle est, dans l'ordre des récoltes, ce qu'est l'enfance dans l'ordre des âges. L'amitié domine en première phase chez les enfants, et l'amour en deuxième phase chez les adultes ; il faut, par analogie, que les fruits d'amitié paraissent les premiers, et ceux de l'amour en deuxième ligne. De là vient que les rouges ou de titre amical sont suivis de de ceux à noyau, fruits d'amour auxquels succèdent les poires, symbole de l'ambition qui domine dans la troisième phase dite de virilité ; la marche est fermée par les pommes, emblème de l'amour familial qui domine en quatrième phase ou caducité.

» La cerise, portrait des enfants libres, heureux et badins, doit exciter en eux les effets qu'elle représente. Aussi l'apparition d'un panier de cerises met-il en joie tout le peuple enfantin, à qui ce fruit est très salutaire. La cerise est un joujou que la Nature présente à l'enfant ; il s'en forme des guirlandes et pendants d'oreille ; il s'en couronne, comme Silène se couronne de pampres. L'arbre est analogue au génie et aux travaux de l'enfance ; il est peu fourni de feuilles ; ses branches, vaguement distribuées, donnent peu d'ombrage, ne garantissent ni de la pluie ni du soleil ; image des faibles moyens de l'enfance, il est incomplet, insuffisant à protéger et abriter l'homme. »

LA MÈRE. Bravo ! C'est très bien ! très bien !

X. Voici maintenant la fraise.

« La FRAISE est le plus précieux des fruits rouges ; elle nous peint l'enfant élevé dans l'Harmonie, dans les Groupes Industriels ; un fraisier est un ouvrier qui opère comme nos jardiniers ; ses tiges traçantes vont planter en ligne droite une file de rejetons. Il est juste que le plus précieux des enfants, celui qui exerce l'Industrie combinée, ait pour emblème le fruit le plus délicat de la Série. La feuille est trinaire, par allusion aux trois chœurs qui dirigent l'éducation. La fraise veut, comme la pêche, s'allier avec le vin et le sucre, emblèmes des passions *amitié* et *unitéisme* ; ainsi le travail sociétaire se soutient par l'amitié et tend à l'Unité. »

Voulez-vous maintenant des groseilles ?

LA MÈRE. Oh ! oui , des groseilles , je vous en prie.

X. J'en ai plusieurs à vous offrir.

« Les GROSEILLES représentent les enfants civilisés de diverses classes. La plus remarquable est *la groseille rouge à grappes* ; c'est l'emblème des enfants peu cultivés et livrés à la bonne Nature. Ils sont d'une franchise mordante et indiscrète ; capables d'aller répéter à une femme à prétention quelque fâcheuse vérité qu'ils auront ouï dire.

»Le fruit qui peint ces petits diseurs de vérité doit être d'une saveur très piquante. Il a de la grâce, parce que la Vérité est gracieuse chez l'enfant et amuse malgré l'indiscrétion. Un tel rôle n'est pas sans utilité ; il signale les travers ; *castigat ridendo*. Aussi le fruit du groseiller rouge est-il purgatif et salubre. La plante est semblable, de feuilles et de grappes, à la VIGNE, emblème d'amitié composée ; aussi ces enfants libres, loquaces, indiscrets, sont-ils les plus adonnés à l'amitié simple. Cette sorte de groseille est un fruit bourgeois et de moyenne valeur, comme la classe d'enfants qu'elle représente ; crue, elle figure peu aux bonnes tables ; on n'en tire parti que par alliage avec le sucre et le travail de confiserie ; de même les enfants trop libres et impolis n'acquièrent de prix qu'en se ralliant aux manières de la classe plus relevée.

» *La groseille épineuse à fruits isolés* dépeint l'enfant contraint, privé de plaisirs, harcelé de morale et élevé isolément aux études. Son emblème ne donne qu'un fruit de pauvre espèce, *violet pâle*, couleur d'amitié avortée, dont on gêne l'essor chez cet élève, en l'isolant de ses camarades. Ces enfants, boursouflés de préceptes et d'études prématurées, deviennent pour l'ordinaire de médiocres sujets. Aussi le fruit hiéroglyphique n'est-il, malgré sa belle apparence, qu'un produit de peu de valeur, gonflé de sucs fades et de graines superflues, comme les enfants qu'on surcharge d'enseignement mal digéré. Ce groseiller est épineux, en signe de la gêne des malheureux enfants qu'il dépeint.

» *La groseille noire*, dite *cassis*, représente les enfants pauvres et grossiers ; aussi son fruit noir, emblématique de la pauvreté, est-il d'une saveur amère et désagréable, par analogie à ces enfants du peuple qui ont le défaut de mauvais langage, mauvaises manières et souvent mauvais principes. On ne les rend supportables qu'en les raffinant par contact avec la classe riche et polie ; et de même le cassis ne devient mangeable que par alliage avec l'eau-de-vie et le sucre. »

LA MÈRE. Que de finesse! que d'observation!... N'avez-vous pas d'autres fruits?...

X. J'en aurais bien d'autres; mais je vois que la tentation opère : je n'aurai garde de prolonger une séance déjà trop longue, et je veux d'ailleurs qu'à ma première visite vous ayez quelque chose à me demander.

Et nous prîmes congé de nos hôtes. —

FIN.

CATALOGUE

DE LA

LIBRAIRIE SOCIÉTAIRE

RUE DE SEINE, N. 10

(CONSIDERANT, PAGET ET C⁰.)

Ouvrages classés par noms d'Auteurs.

CHARLES FOURIER.

OEUVRES COMPLÈTES DE CH. FOURIER, *publiées par la Société pour la propagation et la réalisation de la Théorie de Ch. Fourier. Format in-8, très belle édit. — Chaque ouvrage se vend séparément. Voir ci-après.*

Théorie des quatre mouvements et des destinées générales. Deuxième édition, avec une préface des éditeurs. 1 vol. in-8 (tome 1 des OEuvres complètes). Paris, 1846. Prix.......... 7 fr. 50 c.
Par la poste........................ 8 fr. 75 c.

Théorie de l'Unité universelle, ou Traité de l'Association domestique-agricole. 2ᵉ édit., 4 vol. in-8 (tom. 2, 3, 4 et 5 des OEuvres complètes). Prix.................... 24 fr.
Par la poste.................... 28 fr. 50 c.

Le Nouveau Monde industriel et sociétaire. 2ᵉ édit. Paris, 1 fort vol. in-8., formant le tome 6 des OEuvres complètes. Prix.......... 6 fr.
Par la poste........................ 7 fr. 50 c.

V. CONSIDERANT.

Manifeste de l'École Sociétaire *fondée par Fourier, ou Bases de la Politique positive.* Paris, 1841 (*écrit par M. Considerant, et adopté par le Conseil de l'École*). Nouvelle édit., revue et considérablement augm. 1843. 1 beau vol. in-18. Prix... 1 fr. 25 c.
Par la poste.......................... 1 fr. 00 c.

Destinée sociale. 3 vol. in-8. Paris, 1834-38-44.
Le 1er vol. est épuisé; le 2e vol. se vend. 8 fr.
Par la poste.......................... 6 fr. 50 c.
Première partie du 3e vol............ 3 fr.
Par la poste.......................... 3 fr. 80 c.

Théorie de l'Éducation attrayante. *Dédiée aux Mères,* par V. Considerant. 1 vol. in-8. 3 fr.
Par la poste.......................... 3 fr 80 c.

Débâcle de la politique en France. Brochure in-12 de 152 pag. Paris, 1836. Prix... 1 fr. 50 c.
Par la poste.......................... 1 fr. 75 c.

Petit Cours d'Économie politique. (*Voir aux livres à bas prix.*)

Exposition abrégée. (*Voir aux livres à bas prix.*)

Immoralité de la Doctrine de Fourier. (*Voir aux livres à bas prix.*)

Théorie du Droit de Propriété (*Publiée sous le titre Réclamation contre M. Arago*), brochure in-8 de 80 pag. Paris, juin 1840. Prix......... 1 fr. 25 c.
Par la poste.......................... 1 fr 50 c.

De la Politique nouvelle. (*Voir aux livres à bas prix.*)

DAIN, CONSIDERANT et D'IZALGUIER.

Trois Discours prononcés à l'Hôtel-de-Ville. Gr. in-8. Paris, 1836. Prix.......... 3 fr.
Par la poste.......................... 3 fr. 50 c.

A. PAGET.

Introduction à l'étude de la Science sociale, 2° édition, 1 vol. in-8. Paris, 1841, papier fin. Prix.................................... 3 fr.
Par la poste......................... 3 fr. 90 c.

A. PAGET et E. CARTIER.

Examen du système de Fourier *et des principales objections qui y sont faites*. Brochure in-8. Paris, 1844. Prix......................... 3 fr.
Par la poste......................... 3 fr. 75 c.

F. CANTAGREL.

Le Fou du Palais-Royal. Dialogues sur la Théorie de Fourier. 2° édit. 1 vol. gr. in-18, format Charpentier. Paris, 1848. Prix.............. 4 fr.
Par la poste....................... 4 fr. 50 c.

EXTRAIT DE LA TABLE ANALYTIQUE. — L'atmosphère est un champ soumis à la culture de l'homme. — A quoi servent les lois. — Et la morale. — Et la politique. — Keppler jugé par Galilée, et celui-ci par Bacon. — L'empirisme politique et la Science sociale. — La société actuelle est impossible. — De l'infidélité et de la morale. — Napoléon et l'étoile. — Qu'appelez-vous le bonheur? — Les Académies et le prix Monthyon. — Par ici, frères, par ici! — Contrainte et attrait — Fourier et son siècle. — Les désirs de l'homme sont la révélation de sa destinée. — Étouffement des sympathies. — Et des vocations. — Le bonheur de l'homme et la liberté de la femme. — La femme libre et Saint-Simon. — Excellence de la propriété actionnaire. — La famille et le ménage sont deux. — Dieu nous préserve de la Vérité, de la Justice et de la Liberté! — Abolition des attaques de nerfs. — Organiser, ORGANISER! — Pourquoi le morcellement a augmenté la production. — Le bal et le travail attrayant. — Du peuple et des riches. — Comment harmoniser quatre cents familles. — Problème de l'équilibre de population. — L'isolement, la concurrence et le parasitisme. — Question des machines. — Suppression du vol — Le Garantisme et l'Harmonie. — Histoire des Treize. — Doute absolu, écart absolu. — La République est-elle un but ou un moyen. —

La morale et l'estomac. — *Le dogme du sacrifice.* — *Credo phalanstérien.* — L'esprit d'orgueil. — Du libre arbitre. — La Passion et la Raison. — Conditions de la Liberté — Du mur mitoyen, du soldat français et du parapluie. — Le Phalanstère. — Le gouvernement et le roi. — Les nourrices passionnées. — Enfants terribles. — Éclosion des vocations; le collège et la famille. — Nisus et Théophraste. — La nature prise sur le fait. — Faut-il donc que le travail soit amusant? — Un paresseux sublime. — La sagesse des enfants. — La morale et la nature. — Le bachelier vu de pied en cap. — Pourquoi les premiers sont les derniers. — Utilisation du hochet. — L'enseignement mutuel. — Le mode mesuré. — La salle d'asile. — L'analogie universelle. — Les penchants convenables, les vilains goûts et le prince savetier. — La série méthode unique. — Tombe de Fourier. — Moins on s'occupe de bénéfices, plus on gagne. — Owen. — Communauté des femmes. — Garantie des bonnes mœurs. — Cuisinières et maîtresses de maison. — Béranger phalanstérien. — Fêtes phalanstériennes. — Un nouveau converti. — Nous avons trop raison. — Les génies initiateurs. — Exercice parcellaire et alternats. — Chacun voudra être chef, ou hiérarchisation volontaire. — Le suffrage universel. — Qui donc se fera laboureur? — Des travaux répugnants et de la Horde. — La domesticité passionnée. — Les jours ne suffisent pas au bonheur. — Les philosophes et les femmes. — Les sept péchés capitaux. — Les convictions politiques. — La science sociale ne parque personne. — De la répartition; intervention de la Horde. — Droits du capital, droits du génie. — La science sociale repose d'abord et avant tout sur le principe d'ordre. — Simple discours à la chambre des députés. — Apologue sur la compétence électorale. — Est-il bon d'ouvrir les portes de la science sans ouvrir celles de la richesse? — Du droit de juger et de la légitimité des lois. — Responsabilité humaine. — Droit au travail et *minimum.* — La vraie et la fausse association. — Où sont les vrais utopistes. — Il faut des moyens nouveaux. — Au Roi. — Le mal n'est pas que quelques-uns aient trop. — Le noir libre ou prolétaire. — Fourier attaque les choses et non les hommes. — Les phalanstériens ne sont pas les saint-simoniens. — Ils ne forment pas une *secte* et ne se disent pas *Fouriéristes.* — Ce qui les distingue des communistes. — Plein essor du dévouement et de la liberté. — Ce que l'État devrait faire et pourrait dire. — Nature de l'essai proposé.

Quinze millions à gagner. (*Voir* aux livres à bas prix.)

CH. PELLARIN.

Fourier, sa Vie et sa Théorie, avec des lettres inédites et 3 *fac-simile* de l'écriture de Fourier. 1 fort vol. in-18, format anglais. Prix............... 5 fr.
Par la poste........................... 6 fr.

Cette deuxième édition de la biographie de Fourier est un travail presque entièrement neuf, M. Pellarin étant parvenu à rassembler un grand nombre de renseignements nouveaux sur la personne de Fourier, et sur les démarches multipliées qu'il avait faites dans le but d'obtenir un essai de la Théorie, a doté l'École sociétaire d'un ouvrage plein d'intérêt et de documents précieux ; de nombreux extraits de la correspondance de Fourier avec son premier disciple, J. Muiron, terminent la première partie de ce livre. La deuxième partie est consacrée à une exposition de la Théorie sociétaire ; cette exposition, écrite avec verve et lucidité, a non-seulement le mérite d'initier complètement le lecteur aux idées du maître et à sa méthode d'association intégrale, mais il a encore le mérite d'avoir la logique du cœur aussi bien que la logique de l'intelligence.

H. RENAUD.

Solidarité. — Vue synthétique sur la doctrine de Ch. Fourier. 1 vol in-8. 2⁰ édit. revue et augmentée par l'auteur. Paris, 1845. Prix.. 3 fr.
Par la poste......................... 3 fr. 80 c.

TABLE DES MATIÈRES. *Première partie.* — De la raison et de la science. — De Dieu et du mal. — De l'homme, de ses facultés et de ses penchants. — Organisation de la commune. — Dispositions matérielles. — Dispositions passionnelles. — Conséquence de ces dispositions. — Education. — Répartition des bénéfices. — Propriété. — Ordre et Liberté.
Intermède. Distinction essentielle entre les deux parties de l'ouvrage.
Seconde partie. Organisation de la Société. — Hiérarchie. — Equilibre atmosphérique. — Equilibre de population. — Mœurs et coutumes. — Cosmogonie. — Analogie universelle.

E. PELLETAN, A. COLIN, H. MORVONNAIS
V. HENNEQUIN.

Les Dogmes, le Clergé et l'État. Étud. religieuses.
Brochure in-8. Prix..................... 2 fr. 50 c.
Par la poste......................... 3 fr. 90 c.

MATH. BRIANCOURT.

L'Organisation du Travail. (*Voir aux livres à bas prix.*)

P. FOREST.

Organisation du Travail. (*Voir aux livr. à bas prix.*)
Défense du Fouriérisme. (*Voir aux livr. à bas prix.*)

WLADIMIR GAGNEUR.

Des Fruitières du Jura. (*Voir aux livres à bas prix.*)

G. GABET.

Traité élémentaire de la science de l'homme,
considérée sous tous ses rapports. 3 vol. in-8
avec figures. Prix..................... 18 fr.
Par la poste......................... 23 fr.

Cet ouvrage important est le fruit de longues et consciencieuses études.

Pénétrer de plus en plus la nature humaine, faire de cette connaissance le centre de toutes les améliorations, examiner comment se terminent les vies sensitives et spirituelles, et quelle est la différence entre l'homme et les animaux, sous ce double rapport : tel est le plan de l'ouvrage de M. Gabet, fruit des recherches studieuses d'une longue vie.

Le premier volume est consacré à des détails très complets sur la génération de l'homme, sur son organisation, sa vie végétative, etc.

Le deuxième volume traite de la vie sensitive et instinctive, et des facultés de cette vie propres à produire des affections. L'auteur examine ensuite l'action de diverses parties de l'organisme sur les affections de la vie sensitive. Le titre quatrième du second volume traite des opération, de l'esprit et de la connaissance qui résulte, pour l'homme, de ces opérations.

Le troisième volume commence par l'examen du concours des vies instinctuelle et spirituelle dans la direction de la conduite de l'homme. La huitième partie traite du développement et de la cessation de ces deux vies : enfin de l'immortalité de l'âme. La dixième et dernière partie traite de l'Humanité, ou de l'homme en association universelle ; elle contient aussi une exposition très exacte de la Théorie Sociétaire.

CH. DAIN.

De l'Abolition de l'Esclavage. (*Voir aux livres à bas prix.*)

HAREL.

Ménage sociétaire, ou moyen d'augmenter son bien être en diminuant sa dépense. 1 vol. in-8. Prix........................... 2 fr.
Par la poste............................ 2 fr. 75 c.

RAOUL BOUDON.

Organisation unitaire des assurances. Brochure in-8. Paris, 1840. Prix .... 2 fr. 50 c.
Par la poste............................ 2 fr. 75 c.
Réforme des Octrois. (*Voir aux livres à bas prix.*)

F. VIDAL.

Des Caisses d'Épargne. (*Voir aux livres à bas prix.*

J. LECHEVALIER.

Études sur la Science Sociale. 2 vol. in-8. Paris, 1832-1834. Prix........................... 6 fr.
Par la poste............................ 7 fr. 50 c.

BAUDET-DULARY.

Essai sur les Harmonies physiologiques, par

BAUDET-DULARY, docteur en médecine, ancien dé-
puté. 1 vol. in-8 et 1 cahier de 22 planches gravées.
Prix. .... 8 fr.
Par la poste. .... 9 fr. 75 c.

**Trois Leçons du professeur E. Cherbuliez sur
Fourier, son École et son système**, reproduites
et réfutées par un ministre du Saint-Évangile. 1 vol.
in-8 de 500 pag. Prix................. 6 fr.
Par la poste. .... 7 fr. 50 c.

On trouve dans cet ouvrage des développements remar-
quables sur les questions de la famille, de l'hérédité, de l'a-
mour et de la religion au point de vue de la théorie sociétaire.

Que ceux qui croient que l'École de Fourier est matéria-
liste, qu'elle fait table rase de la morale, qu'elle fait bon
marché du principe de religion et de foi en Dieu, lisent ce
livre écrit par un pasteur de l'église réformée; leurs injustes
préventions se dissiperont rapidement. En somme, le livre
de M. C**** est un ouvrage fait pour être très goûté par
tous les esprits sérieux.

V. HENNEQUIN.

**Introduction historique à l'étude de la légis-
lation française.** — *Première partie :* LES JUIFS.
2 forts vol. in-8. Prix.................... 12 fr.
Par la poste. .... 16 fr.
Voyage en Angleterre et en Écosse, par le même,
suivi de mélanges. 1 vol. in-8. Prix.... 6 fr.
Par la poste. .... 7 fr. 50 c.

Les Juifs, rois de l'époque. Histoire de la Féoda-
lité financière, par A. Toussenel. 1 volume in-8.
Prix. .... 5 fr.
Par la poste. .... 6 fr.

PRINCIPAUX CHAPITRES. — La Féodalité industrielle, son
origine, ses progrès, son caractère. — Moyens d'accapare-

ment de la fortune publique. — Banque; usure; faillites.—
Droits de vol en détail. — La Presse. — L'annonce. — La po-
litique des marchands. —Chemins de fer. — Candux. —
Rentes. — Douanes. — Budget de l'État. — Budget de l'usure.
— Priviléges du peuple. — Remède. — Droit au travail. —
Légitimité du monopole de l'État. — Abus des monopoles
privés. — Abolition de la guerre. — Le travail, glorifié. —
Recrutement. — Esclavage. — Au peuple. — Aux prêtre. —
Au Roi.

D. LAVERDANT.

De la mission de l'art et du role des artistes.
— Salon de 1845, par D. LAVERDANT. Extrait des
2e et 3e livraisons de *la Phalange*, revue de la science
sociale. Une brochure grand in-8. Prix. 1 fr. 25 c,
Par la poste........................... 1 fr. 50 c.

———

La Phalange, revue de la science sociale, publiant
les manuscrits de Ch. Fourier. Une livraison de
6 feuilles formant à la fin de l'année 2 forts vol. gr.
in-8 de 600 pages, et des études sur les questions religieuses, économiques et artistiques au point de vue
de la science sociale.

Prix pour les abonnés à la
    Démocratie Pacifique. . 1 an, 18 f.—6 m., 9 f.—3 m., 5 f.
Prix pour les non-abonnés. 1 an, 24 f.—6 m., 12 f.—3 m., 6 f.50
Prix pour les pays étran-
    gers à surtaxe.. . . . 1 an, 4 f.—6 m., 2 f.—3 m., 1 f.

PETITE
BIBLIOTHÈQUE SOCIÉTAIRE

ou

Collection d'ouvrages Phalanstériens à bas prix.

La Grève des charpentiers, épisode de la crise sociale de l'époque, 1 vol. form. Charp. Prix. 1 fr. 50
Par la poste................................... 2 fr.

Extrait de la table des matières. — Avant-propos. — 10 juin : Cessation des travaux dans les chantiers. — Lettre de la chambre syndicale des entrepreneurs. — Appel aux maîtres et à l'autorité. — Lettre des ouvriers aux entrepreneurs signée de Vincent. — 23 juin : Première intervention de l'autorité. — Grève des charpentiers au Pecq, à Blois, Tours, Amboise. — 28 juin : Séance de la chambre des députés. — Discours compromettant de M. Ledru-Rollin. — Des entrepreneurs adhèrent au tarif et occupent 1,000 ouvriers. — 8 juillet : Le ministère autorise les soldats charpentiers à travailler dans les chantiers. — Salaires comparés de divers corps d'état. — Manifeste des entrepreneurs. — Lettre des ouvriers charpentiers au *Journal des Débats*. — Arrestation de plusieurs ouvriers. — Lettre de la chambre syndicale au *Constitutionnel*. — Descente de la police à la Petite-Villette. — Arrestation de la *Mère*, du *Père*, de Vincent, Dublé et autres. — Inconcevable démarche des entrepreneurs auprès de la société des architectes. — Le *Père*, la *Mère* et le parquet. — Mise en liberté de la *Mère* et du *Père*. — Nombre des *adhérents* au 21 juillet. — La prison remède politique. — Nouvelle rupture. — *Ultimatum* des ouvriers — *Grève* de 1833. — Droits des ouvriers. — Entrevue avec M. le préfet de police. — Lettre des charpentiers à la *Démocratie pacifique*. — La société des architectes fait la morte. — Lettre de la chambre syndicale au *Siècle*. — Arbitrage proposé par les entrepreneurs. — La vérité sur l'arbitrage. — La chambre syndicale est entamée. — Véritable motif de la résistance des entrepreneurs. — Nouvelle descente de la police chez les deux *Mères*. — Renvoi de dix-neuf charpentiers devant la police correctionnelle. — 12 août : Nouvelle phase de l'affaire des charpentiers. — Déclaration de la chambre syndicale. — La *Mère* chez M. le préfet de police. — Premier procès : Audiences détaillées.

Plaidoiries de Mes Berryer, Ch. Dain, V. Hennequin, Du Tell et Blot-Lequesne. — Jugement du 28 août. — Sur la condamnation des charpentiers. — Un mot sur la lettre de M. Jullien Blanc à Vincent. — DEUXIÈME PROCÈS : Appel en cour royale. Audiences du 8 et du 9 octobre. — Plaidoiries. — Arrêt. — Le Pouvoir et les Prolétaires. — RÉSUMÉ. OBSERVATIONS. — CONCLUSION. — Situation avant la *Grève.* — Pendant la *Grève.* — Après la *Grève.* — Conseils opportuns. — Seule transition possible. — Ce que devrait faire le Pouvoir. — Aux ouvriers charpentiers.

Almanach phalanstérien pour **1848** et **1849.**
>   Prix de chaque...................................... **50 c.**
>   Par la poste....................................... **90 c.**

ALMANACH 1845. — Parmi les vignettes qui ornent cet almanach, on en remarque une fort belle due au crayon de M. D. PAPETY.

Entre tous les articles intéressants et importants que contient celui de 1845, nous citerons deux articles de FOURIER : *Prochaine métamorphose du monde. Le Code divin;* et *Opinion de Fourier sur les Femmes.* — Le remarquable travail de M. le docteur Savardan : *La Commune rurale; ce qu'elle est et ce qu'elle pourrait être.* — *Participation des ouvriers aux bénéfices des maîtres.* — Engrais. — Irrigations. — Iles Marquises et îles Gambier. — Hygiène. — Conseils aux femmes sur les *conditions de leur mariage.* — Baux, testaments, etc. — De l'application de l'armée aux travaux publics. — Le morcellement et l'association, ou Recherches d'une société parfaite, etc., etc.

TABLE DES MATIÈRES DE L'ALMANACH DE 1846. — Eclipses, fêtes mobiles, etc. — Table du temps moyen au midi vrai de Paris. — Introduction. — Souverains des divers États. — Foires. — Lever du soleil calculé pour différents degrés de latitude. — Tableau des mesures légales. — Rapport des mesures et des poids anciens avec les nouveaux. — Mesures de longueur dans tous les pays. — Thermomètres. — Taxe des lettres. — Le ciel vu du soleil. — Annuaire. Evénements survenus depuis septembre 1844. — Statistique des chemins de fer et des compagnies concessionnaires. — Des salles d'asile en France. — Le maire de Lannion. — Les crèches. — Appel à la charité (par M. Emile Deschamps). — Maladies chroniques de la peau. — Organisation d'un service médical pour les pauvres des campagnes (par le D' Savardan). — Machine à balayer. — Des chemins vicinaux. — Lettre du maire de Marolles sur les avantages des chemins vicinaux. — Les sourciers. — Education des vers à soie (par M. Robinet). — Améliorations agricoles. Parallèle de deux communes (par le même). — Le bœuf gras. — Concours de Poissy. — Sermon d'un bon curé. — La taxe du pain. Dialogue. — Horticulture. — Maladie des pommes de terre. — Conditions capitales pour la salubrité des habitations. — Bénéfices de l'association. — Le Barde social. — Le peuple s'éclaire et s'améliore —Droits des femmes. — De l'attraction passionnée (par FOURIER). — Simple discours sur les machines. Ce qu'on peut faire avec un levier. — De l'association agricole (par FOURIER). — De l'impôt du sel. — Meilleur moment pour couper un arbre.— Des coalitions industrielles. — L'algérie (par A. TOUSSENEL).— Progrès des idées sociales aux Etats-Unis. — La galvano-plastie. — Méhémet-Ali (par A. Colin) — Le prince des travailleurs (par Eugène Sue). — Statistique judiciaire. Impuissance de la répression. — Le vieux monde a vécu. — Les merveilles de la rue Quincampoix. — La leçon de grammaire. — Historiettes, anecdotes, bons mots.

L'Organisation du travail et l'Association, par Math. Briancourt, 1 vol. in-32. Prix.　　80 c.
Par la poste.........................1 fr.

TABLE DES MATIÈRES. Avant-propos. *Première partie*. Le travail anarchique. — *Deuxième partie*. Le travail organisé. — *Troisième partie*. L'homme est créé pour l'association. — Les attractions sont proportionnelles aux destinées.—Destinée terrestre de l'homme. — Des stimulants de l'homme et de leur mission. — Objections. — Le retour.

Précis de l'Organisation du travail, par Math. BRIANCOURT. Prix..................... 30 c.
Par la poste. .... 40 c.

Exposition abrégée du système phalanstérien de Fourier, suivie de neuf thèses, par V. CONSIDERANT. Brochure in-32 jésus. Paris, 1846. Prix.... 60 c.
Par la poste..................... 75 c.

Exposition abrégée du système phalanstérien de Fourier, non suivie des neuf thèses, par le même. Brochure in-32. Prix..................... 30 c.
Par la poste,..................... 40 c.

Petit Cours d'économie politique et d'écono-

mie sociale, à l'usage des ignorants et des savants.
Prix.. 40 c.
Par la poste.................................... 50 c.

TABLE DES MATIÈRES. — Avertissement. — Ce que l'on doit entendre par la politique. — Comment il y a trois cent mille moyens de rendre la France heureuse; et, subsidiairement, du caractère de la Science politique. — Qu'il est difficile de trouver ce qu'on ne cherche pas; et comment il se fait que l'on est tantôt pour le séné, tantôt pour la rhubarbe. — D'un vieux morceau de musique politique à deux voix. — De diverses sortes de fruits de la Politique. — Du tort que la Politique a eu de séparer l'Ordre et la Liberté, et des boutons de la garde nationale. — De la manière dont se fait l'instruction politique d'un jeune Français, et d'un ridicule que commence à se donner la génération nouvelle aux yeux de l'ancienne, qui a bien plus d'esprit qu'il ne semble. — Que dans la politique, comme dans les amusettes, on n'en finit pas toujours quand on s'embrasse *pour que cela finisse*. — Qu'il est, méritoire d'avoir de bonnes intentions, mais qu'il faut encore quelque chose avec. — Où l'auteur se flatte de faire comprendre que quand une machine va mal, c'est une preuve qu'elle ne va pas bien; d'où il déduit la nécessité d'y changer quelque chose. — Pourquoi le parti qui a intérêt à l'Ordre est aujourd'hui moins anti-social que celui qui veut le renverser. — Que le mal n'est pas que quelques-uns aient trop, mais bien que presque tous n'aient pas assez. — D'un Programme qui est encore meilleur que celui de l'Hôtel-de-Ville. — Qu'il y aurait de la simplicité à se fâcher pour si peu de chose. — Ce que c'est que l'École ou le Parti sociétaire. — L'harmonie des intérêts est le problème de l'Économie sociale. — Base d'opération de l'Économie sociale. — Pourquoi. — Rien ne pourrait empêcher le bonheur d'envahir le Monde. — S'il est vrai que la Nation soit un composé de Communes, la Politique est mystifiée (à moins que l'on ne préfère dire qu'elle nous mystifie). — Les intérêts opposés engendrent les haines; malgré les sermons. — Les intérêts alliés disposent les hommes à s'aimer; sans les sermons. — Le principe d'Association est la base sur laquelle seule on peut fonder l'Harmonie sociale. — Simple appel à l'examen et à l'expérience.

Immoralité de la doctrine de Fourier. Brochure de 48 pag. in-8. Paris, 1841. Prix........ 30 c.
Par la poste.................................. 50 c.

De la Politique nouvelle convenant aux intérêts actuels de la société, et de ses conditions de développement par la publicité. 2° édit., 1844. Br. in-18. 15c.
Par la poste.. .... 20 c.

Quinze millions à gagner sur les bords de la Cisse Mémoire présenté à la Société d'agriculture d'Indre-et-Loire. Broch. in 8. Tours, 1845. Prix,... 25 c.
Par la poste................................. 30 c.

Organisation du Travail, d'après les principes de la Théorie de Ch. Fourier, par P. Forest. 2° édit.
Prix.. 75 c.
Par la poste............................... 1 fr.

Défense du Fouriérisme contre M. Reybaud et l'Académie française, MM. Rossi, Michel Chevalier, Blanqui, Wolowski, de Lamartine.
Prix....................................... 1 fr.
Par la poste............................. 1 fr. 25 c.

Des Fruitières du Jura ou Association domestique pour la fabrication du fromage de Gruyère. Une feuille in-8. Prix........... 40 c.
Par la poste.............................. 45 c.

De l'Abolition de l'Esclavage, suivi d'un article de Fourier. In-8. Prix............... 1 fr.
Par la poste............................. 1 fr. 25 c.

Réforme des Octrois et des Contributions indirectes. — *Question vinicole.* — *Question des Bestiaux.* Brochure in-8. Prix............ 75 c.
Par la poste.............................. 80 c.

Des Caisses d'Épargne. — I. Les Caisses d'Épargne transformées en Institutions de crédit. — II. Création d'ateliers de travail au moyen d'avances fournies par les Caisses d'Épargne. Brochure in-8 de 8 feuilles.
Prix....................................... 1 fr.
Par la poste............................. 1 fr. 25 c.